他山之玉：印度文化导论

梵澄译丛·主编 闻中

他山之玉：
印度文化导论

［印］斯瓦米·尼伟达南达　著
　　陈亚妮　江小敏　译
　　　　闻　中　校

广西师范大学出版社
·桂林·

顾 问
（以姓氏笔画为序）

王志成
毛世昌
卢 勇
乐黛云
孙 波
孙向晨
杜伽南达
吴学国
张颂仁
高世名

总顾问
高世名

主 编
闻中

第九版的出版说明

  这一版并未做任何调整。同时,这本书已经出版了不止一种主要的印度语言译本。

  正如先前的版本一样,梵文词汇中的长音"a"被替换成"ā",其他词并没有做调整。

斯瓦米·阿玛拉南达
1996 年 8 月

出版说明

这次重印未做任何调整。同时,这本书已经出版了不止一种主要的印度语言译本。

在第四版的梵文词汇中,长音"a"被替换成"ā",其他词并没有做调整。

出于各种明显的原因,我们被迫提高了这本书的价格。

S. D.

1984 年 5 月

第二版序言

这一版本的书中做了一些轻微的调整。为了帮助梵文的正确发音,将发音与"part"中的"a"一样的地方替换为"ā",另外,对所有人名和地名的单词也做了调整。梵文"jn"的发音与英文"gy"类似;比如"jnāna"应该发音为"gyāna"。梵文字母"e"的发音通常与"bed"中的"e"发音一样。

尼伟达南达

1946 年 1 月

首版序言

印度教，经典众多，教义纷披，相当于一份人类世界的百科全书。然而这本《印度文化导论》，确如书名所传达的那样，只是关于印度文化与宗教最突出特征的一个概观。它概括性地介绍了印度教的基本内容，旨在帮助无闲暇的读者，迅速了解印度教的要旨。

尽管本书的主要受众是印度的年青一代，但它也为那些感兴趣的群体，包括非印度籍的人们，提供了这一古老文明的必要信息。这个主题已经从天主教的立场被审视过，并且，来自当今不同的印度思想派别的观点也都得到了应有的对待。

这本书的第一部分，主要详述了印度教的实践层面，而第二部分则介绍观念形态。

有些梵文词汇，比如"samsāra""mukti""bhuta"和"jiva"，与印度教的联系非常紧密，它们的思想之精髓也都表现在这些词上，故占据着印度教思想的重要地位。人们通过掌握这些词汇，便可以进入印度教的精神世界。但是，这些词未必就有对应的英文词汇可供翻译，所以，它们经常直接以原文引用。清晰地掌握这些词的含义，读者们无疑将会被领进印度教思想的幽深处。当然，这些词已经得到了详细的讲解，通常在不同的章节中会被提及，另外，每一次引用梵文的词汇，文中都会并列提供一个最相近的英文解释。再者，书的末尾也提供了一份所有出现的梵文词汇的索引。

梵文和其他外文词汇，均为斜体印刷，除了人物、宗派、社区、部落、种姓、地点和专业术语的名称之外。然而，没有可区别的标记能够应用于梵文词汇的正确发音。除了人名和地名之外的梵文词中的"a"的发音与"part"中"a"的发音一样，并用罗马字母的斜体表示了出来。

S. 拉达克里希南先生（S. Radhakrishna）为此书专门书写了一份甚为相契的序言，对他的制序甚为感激。也特别感谢斯瓦米·马达瓦南达（Swami Madhavananda），罗摩克里希纳道院（Ramakrishna Mission）的秘书，帮忙校正了该著手稿的一些内容。

如果这本书能够满足英语世界的真实需求，完成其自身的价值，这就是对我们的劳动最大的肯定与嘉奖。

尼伟达南达

1944 年 9 月

引文的缩写列表

Ait.Up. ——《爱达罗氏奥义书》(*Aitareya Upanishad*)

Bh.Pr. ——《薄伽梵往世书》(*Bhāgavata Purāna/Shrimad Bhāgavatam*)

Br.S. ——《梵经》(*Brahma Sutra*)

Bri.Up. ——《大林间奥义书》(*Brihadāranyaka Upanishad*)

Ch.Chmta. ——《柴塔尼亚圣典》(*Chaitanya Charitāmrita*)

Chh.Up. ——《歌者奥义书》(*Chhāndogya Upanishad*)

Drg.Drs.Vk. ——《观者与被观者的本质探究》(*Drig-Drishya Viveka*)

Ish.Up. ——《伊萨奥义书》(*Isha Upanishad*)

Ka.Up. ——《羯陀奥义书》(*Katha Upanishad*)

Kai.Up. ——《凯瓦利亚奥义书》(*Kaivalya Upanisha*)

Kau.Up. ——《考施塔奇奥义书》(*Kaushitaki Upanishad*)

Ke.Up. ——《由谁奥义书》(*Kena Upanishad*)

Mātri.T. ——《马蒂立卡必达密乘》(*Mātrikābheda Tantra*)

Mats.Pr.	——	《鱼王往世书》(*Matsya Purāna*)
Mnv.Tr.	——	《摩诃般涅槃那密乘》(*Mahānirvāna Tantra*)
Mund.Up.	——	《蒙查羯奥义书》(*Mundaka Upanishad*)
Rg.Vd.	——	《梨俱吠陀》(*Rig-Veda*)
Shwet.Up.	——	《白骡氏奥义书》(*Shwetāshwatara Upanishad*)
Sw.Viv'.s Comp.Wks.	——	《辨喜全集》(*Swāmi Vivekānanda's Complete Works*)
Tait.Up.	——	《鹧鸪氏奥义书》(*Taittiriya Upanishad*)
Ved.Pa.	——	《吠檀多主旨》(*Vedānta Paribhāshā*)
Ved.Sār.	——	《吠檀多精髓》(*Vedānta Sāra*)
Yg.S.	——	《瑜伽经》(*Yoga Sutra*)

序

这一代人所肩负的时代命运，与历史上的任何其他时期，几乎没有任何的相同之处。

在过去的时代压力下，再如何艰难，人们总还是相信着某些普遍的观念，使我们虽是面对种种紧张惶惑的局面，但毕竟还是充满力量、富有耐心。而今日的我们，则全然没有了这样共同的信仰。那种被人们称为科学的有效知识在日益增加，也对宗教的各种传统产生了不安的冲击与影响。

现在，唯有那种与教条主义、组织制度不同的核心真理，才勉强能够吸引现代人的心灵，使得他们在自己的性情和时代的前景方面，稍稍变得富有理性。

故此，笔者认为——这其实也正是我试图分享的——印度教的基本原则（那些非基于教条、非基于组织性的知识），对于此一时代的科学知识，或历史批评的任何发展、任何进程，都是有意义的，并无惧怕的必要。

而我们眼前的这一本小书，原非为专家而著，却又充满了真知灼见，只要稍稍受过基础教育的读者，便可清晰了解印度文化与思想的基本类型。当然，作者不仅具有获取特殊信息的能力，而且还具备阐述此种信息的天赋。故此,在我看来,这是一本介绍印度文化与宗教方面相当适宜而卓越的好书。

印度前总统

S. 拉达克里希南博士

目 录

第一部分

一　引言 \ 003

二　正法 \ 007

三　印度教圣典 \ 012

四　轮回 \ 020

五　解脱 \ 025

六　世俗之路 \ 030

  1. 五大献祭 \ 031

  2. 社会职责 \ 033

  3. 现实情境 \ 034

  4. 理想情境 \ 037

七　解脱之路 \ 040

八　胜王瑜伽 \ 045

  1. 瑜伽八支 \ 045

  2. 自我约束 \ 049

九　智慧瑜伽 \ 051

十　奉爱瑜伽 \ 059

  1. 神的象征与肖像 \ 063

  2. 密行训练 \ 069

  3. 无形相的神圣者 \ 074

十一　行动瑜伽 \ 077

第二部分

十二　先知与经典 \ 093

  1. 先知 \ 093

2. 经典 \ 097

十三　自在天 \ 099

十四　宇宙 \ 107

　　1. 精微层次 \ 107

　　2. 粗糙层次 \ 112

　　3. 因果层次 \ 118

十五　个体灵魂 \ 125

　　1. 生物 \ 125

　　2. 灵魂 \ 129

十六　仪式与神话 \ 140

　　1. 仪式 \ 140

　　2. 神话 \ 148

十七　印度人的人生观念 \ 154

附录　印度文化对国际和平的

　　　影响 \ 165

　　1. 教义 \ 165

　　2. 对待他人的态度 \ 167

　　3. 祈祷 \ 167

　　4. 我们为世界的和平而工作 \ 168

译后记 \ 171

第一部分

一 引言

印度教是属于世界上信众最多的宗教之一。就其追随者而言，其数量已经接近四亿人之众，大都生活在印度次大陆①，他们以印度教徒（Hindus）而被人所知。

印度教就扎根于印度次大陆，它经历了一段很长很长的岁月。没有人能够说清楚那到底是多漫长的时间。但可以确定的是，印度教的历史长达好几千年，比世界上任何其他重要的宗教都要久远一些。

在古代，印度教作为雅利安人的法则（Ārya dharma），以及追随雅利安法则的人们而存在，信众皆被称为雅利安人（Āryas），他们最初的发源地，是在印度西北的旁遮普（Punjab）地区，即五河流域。同样，也无人能够说得清楚，这些旁遮普的雅利安人最初来自何方。不同的学者对于雅利安人的原籍何处有着不同的猜测，譬如有说北极地区的，也有说是中亚草原或地中海沿岸的，等等。其中，辨喜尊者（Swami Vivekananda）则坚信，雅利安人不可能来自印度以外的任何一个地区②。

---

① 在1947年，由于政治原因，次大陆被划分为印度斯坦和巴基斯坦。
② 参见《辨喜全集》第三卷，第293页；《辨喜全集》第四卷，第333页；《辨喜全集》第五卷，第436—437页。

然而，从旁遮普地区开始，雅利安人逐渐蔓延到了整个印度北部。这些地区在后来，也就被唤作雅利安之地（Aryavarta），随着时间的推移，他们越过了温德亚山脉（Vindhya），最后，也到了印度的南部传播他们的宗教。据说，其中有一位叫作投山仙人（Agastya）的领袖带着这些雅利安人南迁。

人们可能想知道，雅利安人是如何又被唤作印度教教徒的。印度教（Hindu），这个名字的起源甚为有趣。因为那一条叫作信度（Sindhu）的河流，标志着旁遮普地区雅利安人在西部最遥远的边界。而此河流的另一岸，则居住着古代伊朗人（波斯人）。这些伊朗人要为这一条雅利安河流命名，但是，他们对 Sin-dhu 的发音不正确，发出的声音为 Hin-du，于是，印度教便成为伊朗人称呼雅利安人的名字。随着时间的推移，雅利安人自己也从伊朗人那里继承了这一发音。

印度教，这一名字非常古老。当印度教遍及这整个区域之时，就被统称为印度斯坦（Hindusthān）。

这是一块诞生无数圣者、先知与仙人的地方。几千年以来，该地一直都是神圣之地。它的山川河流，湖泊海洋，以及许多的城市，因为宗教的原因，皆成为圣地。这些遍布全国的圣地，使得印度斯坦成了神圣之地。古往今来，无数的朝圣者从印度斯坦的四面八方奔赴在朝圣的路上，拜访一个个圣地，而宗教一直都是人们的生活的灵感与勇气之源。

正是他们的宗教精神，造就了印度人民的辉煌而灿烂的文化。即使在非常古老的时代，印度人也已经创作出了卓越杰出的绘画、雕塑、建筑、音乐与诗歌。他们写出各种各样的学术文章。涉及的内容有语法学、语言学、逻辑学、哲学、统治术、天文学、医药学（阿育吠陀）。他们在化学领域也投入了宝贵的劳动，并留下了确凿的证据，证明他们在工程技术、灌溉、造船，还有许许多多其他工艺美术方面的惊人成就。所有这些，其实都根源于他们的宗教。其背后的思想与理想大都受到印度教圣人的启示。

随着时间的推移，印度的文明诞生出了两个强大的分支，即耆那教与佛教。印度的文化也随着佛教，开始传播到了兴都库什山以外的区域。譬如锡兰、缅甸、暹罗、金波蒂亚与科钦、中国、马来西亚、爪哇、巴厘岛、苏门答腊、朝鲜、日本、阿富汗与土耳其斯坦等地区，它们都受到印度人的信仰文化之影响。甚至在遥远的美洲，譬如墨西哥，学者们也发现了印度文化的痕迹。这些不同国家与区域都欢迎着印度人提供的优秀文化。印度人绝不会通过武力或计谋使自己的宗教强加于人。和平、仁爱、同情与服侍一直都是他们的宗旨。无论走到了哪里，他们都能够使得那个地区的人们开始从莽荒世界中摆脱出来。

当然，印度成了东方文明的母体之一。已经有各种证据表明[1]，印度人的思想曾经传播到古典的希腊，而我们知道，希腊是西方文明的摇篮。

几十个世纪以来，印度教的规模与种类不断扩大。在它的内部，出现了各种新的支派。譬如毗湿奴派（Vaishnavas）、沙克蒂派（Shaktas）、湿婆宗（Shaivas）、苏利耶教派（Sauras）与戈纳帕提亚教派（Ganapatyas）等。在这些支派当中，还有不同派别生长的空

---

[1] 参见 G.T. 加勒特（G.T. Garratt）著的《印度的遗产》（The Legacy of India），第1—14页。

间。此外，耆那教、佛教、锡克教、雅利安社（Aryas Samaj）、梵社（Brahmo Samaj）等，信仰方式，也都来自印度教。

在过去一些岁月里面，古老的印度宗教一直在遥远的西方世界传播它的信息。许许多多的欧洲人与美国人都在学习印度人的人生观念，并给予了很大的尊重，他们当中，甚至有不少人开始接受了这些信仰，把它当成自己人生的理想追求。

事实上，印度人所提供出来的宗教之伟大，在于它具有普遍的德行、普遍的力量。这就是为什么它在过去会取得如此辉煌的成就。同时，这也是我们坚信印度宗教一定具有更加辉煌未来的理由。接下来的篇章，我们将对印度教的基本内容做一些简单扼要的概述。

二　正法

"宗教"一词，常常指代信仰与崇拜的一个体系。而在西方，一个教徒所要做的，无非就是虔信该教会的信条，执行该教会所规定的相关仪式与行为准则，这就是大众所认知的宗教。

而在印度教的传统中，他们的"达磨"（dharma，正法）一词，似乎比"宗教"的含义要更为深广。"dharma"，源于梵文词根"dhri"（把持），意味着让事物成为该事物的存在基础。宇宙万物都有其自身的 dharma，因为万物不能凭空存在。那么，事物主要凭借什么而存在呢？那就是事物的基础、本质，或法性，即达磨。因此，燃烧的力量，就是火的法性，懒惰，就是无生命物质的法性。人也有一个本质，来维系其自身的存在，并与其他的创造物区别开来，这就是人的本质，它叫作人性（mānava dharma）。

那么，什么是人性呢？印度人一直倾向于认为，人的本性，就是成为神的内在力量，它使人从存在界脱颖而出。这一力量，即唤作"mānava dharma"。

可是人怎么能变成神呢？那是因为神性一直居住在人心之内。印度教给我们的启示是：神是遍在的，所以，他同样也居住在我们的心里。我们本来就是神，只是神性潜藏得很深很深。心灵的不纯净成为绊脚石，让我们感知不到他的存在。这就像是不能透过冒烟的烟囱看到光芒一样，我们也不能通过不纯净的心灵直接看到神的面容，虽然，神始终都在我们之内。他的遍在，当然也包括我们这里。但是，若想得到光的照耀，我们就不得不清理烟囱与烟雾；所以，如果我们想要神性的显现，也就不得不净化我们自己的心灵。

欲望、贪婪、愤怒、仇恨、嫉妒、傲慢、自私，这些都是掩盖神性的杂质。它们搅乱了我们的心意，让我们在人生中迈出的每一步都会出错，并且经常表现得像一个野兽。我们的不完美注满了苦难的杯盏，还给别人带来难以言喻的各种痛苦。

是的，就是由于这些杂质的存在，我们一开始像是与野兽同列。但是我们并不是野兽。为什么呢？很简单，因为我们能通过自身的努力而成为神，野兽则不能。我们人类天生就具有一种力量，能除去所有的心灵杂质，成为全方位的神。确切地说，这就是我们的"人性"。那些沉迷于表象的人，还没有完全显化为人，他们只是披着人皮的野兽。而那些成功清除了所有心灵杂质，并释放了内在神性的人，才是真正的人、完美的人。

当然，完全释放内在的神性并没有那么简单，其道路是漫长的，目标是遥远的，不可能一步登天。但值得我们欣慰的是，每一个小进步都会附带一个小奖赏。当我们的心灵越来越纯净，我们就变得越来越睿智，也就会获得更多的勇气和快乐。

这一过程会生生世世持续下去，直到心灵淬炼得彻底纯净。从那以后，人能照见神，触碰神，与神交谈，甚至成为神。然后人才真正算得上是完美的，因为从此以后，神性便永驻在他的心胸之内，并完全释放出了神圣的光芒。

实际上，亲证神性的先知，他们已然就是神圣者本身，充满了慈悲、喜乐、智慧和勇气。他们超脱了自然的束缚，获得了绝对的自由。任何的外物都不能遮蔽或动摇他们，也打扰不到他们内心的宁静。他们一无所求，无痛苦，无恐惧，也没有什么会引发矛盾和悲哀的动机。其脸上总是洋溢着圣洁的微笑，他们的一举一动都会显得超凡脱俗，无私的爱意流向了所有的人群。那些亲近他们的人，会得到勇气、纯净和慰藉。毫无疑问，这样的人已经抵达了人类生命的巅峰。可以这么说，他们就是一个真正的圣徒、一个圆满的人。

这世界见证了众多受尊敬的神的先知们，在不同的时空里面，给一代代的普罗大众提供充足的养分。他们心中的爱满满溢出，因而开始宣讲自己的所见所感。他们教导蜂拥而至的所有人，告诉众人如何像他们一样，通过努力，渐渐觉悟到神性。这些教导就组成了世界上的大部分宗教。

虽然不同的先知，发现的是净化心灵的不同方法，但是，他们的教导在本质上相差无几，只有一些很细微的差别。只要我们虔诚信奉，世界上所有真正意义上的宗教，都将引领我们抵达最后的圆满。每一种方法都是通往神性的正确路径。印度教的教徒们一直被教导，要从这样一种宽广的角度来看待世界上的一切宗教。

是的，根据印度教徒的观点，神的预言者和先知们已经宣讲过的宗教不会有任何的错误。这些最初的教诲，都是无价之珍宝，它们能给我们准确无误的指引，这是世界上真正纯粹的宗教。

但不幸的是，世界上大部分以宗教为名传播着的，常常是徒有其表，并未涉及核心的本质精神。原先所教诲的精神被埋没在一大堆毫无意义的教条里面。出现这样的状况，主要是因为宗教的掌权者们根本不能胜任他们的组织与传教工作。很多时候，传教士们都是一些心思不正的人。他们自己尚且对灵性事物缺乏洞见，不能把握原初教诲的关键，更别说给他人解释宗教了，结果只会是一团糟。宗教在他们手里，也退化成了独断性质的教义、粗糙的教条与无意义的仪式。这些传教士的追随者，又变成了狂热分子，宗教就成了公共冲突的导火线。不同宗教的追随者们并不是利用宗教来进行自我的进化，而是深陷于头破血流的冲突之中。这竟然也叫作宗教！

不幸的是，这些粗鲁的行为震惊到了那些明白事理的人，导致他们干脆放弃了与宗教相关的一切。但世界上总是有一些智者不会被这些未开悟的传教士们所愚弄。他们看穿了这些把戏，知道由缺乏智慧的传教士们带来的宗教之粗陋，只是一种表象而已。宗教底下实在藏着无价之宝。

印度教指导我们要分辨粗陋的表象与真正的宗教之分别。它警告我们，被冒充者牵着鼻子走是危险的，并告诉我们要从源头入手，通过先知们的原始教诲来理解宗教。如果不理解这些教诲，那就需要一些释义，应该去请教神圣的先知。不仅如此，印度教还建议每一个人都要找到一个神圣的先知作为自己的灵性导师（guru）。

我们不应忘记，宗教是有巨大的实用价值的，即使再高深的言论，也是要切合具体的实际。如果我们想成为真正的人，首要的任务是净化心灵。只是简单地归为一个印度教徒，或一个穆斯林，或一个基督教徒，往往会是徒劳的。仅仅依靠赞同某一个宗教的教义，或精通某一种宗教的知识，也是远远不够的。一个人不得不将自己所信奉的先知们的教诲投入生命的实践，并调整自己的整个生命与其协调一致，只有这样，才能引领我们自己走向那个终极目的地。我们不得不竭尽全力，让内在的神性完全显现，并成为一个真正的人，只有这样，我们才算真正获得了正法，即我们的本质。

现在，我们来总结一下这一章的内容。

天地万物在本质上都是神圣的[①]。对于人来说，只有让内在的神性完全显现出来，成为全方位的神[②]，唯此，他才能臻达圆满，区别于其他的存在物而成为一个真正意义上的人。他享受着无限的自由、喜乐、力量和智慧。然后，他的发言便富有震慑力，能够鼓舞他人也笃定前行。宗教教导人们如何抵达这一至福之地。每一种宗教，由于经由先知们的实践，都指明了通往至福之地的正确道路。这就是为什么说宗教具有巨大的实用价值之理由。我们不得不竭尽全力地去执行宗教所教导的，不得不按照宗教的教诲，塑造出我们自己的人生观和行为模式。如果我们反其道而行之，沉溺于表象，则将会堕落到动物的本能层次，哀哉。

总之，以上即印度教的基本教诲，我们可以通过这些教诲窥见印度教的主要精神。

[①] 参见《歌者奥义书》第3章，第14节，第1句。
[②] 参见《蒙查羯奥义书》第3章，第2节，第9句。

三　印度教圣典

由印度那些古老先知们的教诲所构成的灵性文化，就是我们所说的印度教或者印度教的正法。这些就包含在了先知们所教诲的圣经，即"shāstras"（圣典）。

神是谁？他居住在哪儿？他究竟长什么样？我们又是如何与他发生联系的？为什么我们需要亲证神性？这些问题都可以从圣典里面找到答案。另外，圣典还给我们提供了亲证神的各种方法。我们如何解放自己内在的神性？亲证神性会碰到什么样的困难？而我们又要如何去克服？我们该怎么做？什么样的行为才是我们需要坚持的？什么样的行为又是需要规范与限制的？这些问题同样也可以从圣典里面找到答案。

许多世纪以来，印度教徒们就沿袭正法给出的道路，让无数虔敬的个体灵魂亲证到神性而抵达宗教的目的。过去，许多的印度教圣贤开辟出了新的亲证这一目标的方法，并将这些方法记载成册，还有许多的方法又被后来的圣贤们所发现。所以，印度教的圣典种类繁多、数量不菲，这一点和其他宗教的经典很不一样。而且，针对不同阶层的人们，需要有不同的解释，又产生出了不同层次与种类的典籍。

吠陀经

在众多印度教的圣典中，吠陀经（The Vedas）是最古老的，其他典籍都源出于吠陀经。吠陀经基于神的直接启示。这就是它们又被称为天启圣典的原因，它们的权威是不容置疑的。其他继承吠陀而来的印度教典籍，则被称为圣传文献（Smriti）。

吠陀经，是世界上最古老的圣典。"Veda"一词，源于梵文词根"vid"（知道），字面意思是"神的知识"。正如天地万物是无限与永恒的，神的知识也是无限与永恒的。所以，"Veda"，作为神的知识，它取之不尽，用之不竭，与宇宙共存亡。其中的部分知识被许多印度的先知们发现，便以吠陀文献的形式记录，并流传下来。这些印度教的先知们就被称作"吠陀仙人"（Vedic rishis）。值得人们注意的是，由于被发现的真理本身，比发现者更为重要，所以，很多的仙人（rishis）实际上根本不在乎自己是否流芳百世，故他们甚至连姓名都不肯留下。

吠陀经，一共分为四大类，分别是《梨俱吠陀》（Rig-Veda），《娑摩吠陀》（Sāma-Veda），《耶柔吠陀》（Yajur-Veda），《阿闼婆吠陀》（Atharva-Veda）。每一类由两部分组成，分别是《本集》（Samhitā）和《梵书》（Brāhmana）。《本集》部分，基本上是曼陀罗（mantras）的颂词，《梵书》部分则详述颂词的含义和实践方法。

从前的印度教徒不像现在的我们祭拜神的图像，他们的祭拜方式包括念诵曼陀罗和献祭，并把祭品投入圣火等。这种方式叫作祭祀（yajna）。至于《梵书》部分，具体描述了各类献祭的仪轨，在祭祀的同时，人们需要念诵曼陀罗的颂词。根据《梵书》的记载，人们很清楚地知道，在某一个祭祀的过程中，哪一个曼陀罗在何时，以及如何被念诵出来。

奥义书

吠陀经的最后部分被称为《奥义书》(*Upanishads*)，也叫作吠檀多(Vedānta)，不光因为它们出现在吠陀的晚期，也是因为它们是吠陀精神的浓缩与升华。

大量的吠陀经典都有处理与祭祀相关的细节。献祭是古老的崇拜形式，它只是为了净化人们的心灵而举行的仪轨，让人们变得更适宜接受神圣的知识。所以，那一部分的吠陀主要关于仪式(karma)，即行动部分(karma-kānda)。另一方面，吠陀文献中被称为《奥义书》的那一部分，主要是详述神圣的知识，所以，这一部分就被称为吠陀文献的知识部分(Jnāna-kānda)。

神存在于哪里？神如何存在？人、宇宙怎样与神关联？人又是怎样亲证神性的？为什么需要亲证神性？还有，亲证神性之后，又会发生什么呢？所有这些方面都可以通过《奥义书》，或者说吠檀多来了解。

《奥义书》数量颇多，每一部吠陀，都包含几部《奥义书》。其中常见的有：《伊萨奥义书》(*Isha*)，《由谁奥义书》(*Kena*)，《卡塔奥义书》(*Katha*)，《疑问奥义书》(*Prashna*)，《蒙查羯奥义书》(*Mundaka*)，《蛙氏奥义书》(*Māndukya*)，《爱达罗氏奥义书》(*Aitareya*)，《鹧鸪氏奥义书》(*Taittiriya*)，《歌者奥义书》(*Chhāndogya*)，《大林间奥义书》(*Brihadāranyaka*)和《白骡氏奥义书》(*Shwetāshwatara*)。

圣传文献

一些圣人像摩奴（Manu）和耶若婆佉（Yājnavalkya）为印度教徒编写了生活的指南，被叫作法论（Smritis，或法经），不过"圣传文献"一词，在广义上涵盖了除吠陀经之外的所有印度教圣典。印度教徒通过这些由摩奴、耶若婆佉仙人，以及其他圣贤们编写的圣典来学习如何度过余生。圣传文献指导他们在人生的不同阶段（āshrama）如何正确地行动，以及生而为某个种姓（Varna）应该履行什么样的社会责任，还规定了作为家居者的印度教教徒们需要执行的所有仪式仪轨，甚至，还制定了他们家庭与社会生活的法律条文。

总之，圣传文献是根据印度教徒们的出生阶层与人生阶段，规定了必须做和禁止做的事项，它唯一的目的，就是逐渐净化教徒们的心灵，使其逐步走向圆满。毫无疑问，圣传经典也是基于吠陀的教诲，尽管其中的规定"必须做"（vidhi）和"禁止做"（nishedha）是与社会环境息息相关的。由于印度教的社会环境，随着时间的推移不断改变着，圣人们就在不同的年代，根据不同的印度现实推出了新的精神传统。相较于最后一部传承的成书年代，社会已经发生了翻天覆地的变化，也许现在是应该推出一部崭新的法论之时了。

六派哲学

吠陀中关于神的知识诞生了六个不同派别的思想。圣人们耆米尼（Jaimini）、毗耶娑（Vyāsa）、迦毗罗（Kapila）、钵颠迦利（Patanjali）、乔达摩（Gotama）和羯那陀（Kanāda）分别创立了这些哲学派别。他们每个人写了一部哲学（Darshanas，音"达显"，意为开示），合称为"六派哲学经典"（Shad-Darshana），分别是《弥曼差经》（*Pur-*

va Mimānsā)、《吠檀多经》[Uttara Mimānsā (Vedānta)]、《数论经》(Sāmkhya)、《瑜伽经》(Yoga Sutra)、《正理经》(Nyāya)、《胜论经》(Vaisheshika),它们的顺序依次对应于上述作者的顺序。上述每一部经典都是以特殊的形式,即箴言(sustras)的形式编写而成。不同开示的箴言对应不同的梵文语法。这些简洁的经文需要解释才能被一般读者所理解的,所以,自然而然就会出现对每一部哲学经典的诠释与和评论。

《弥曼差经》处理吠陀经的仪式部分(karma-kānda),《吠檀多经》则处理吠陀经的知识部分(Jnāna-kānda)。后者直接起源于《奥义书》。由毗耶娑撰写的《吠檀多经》(Vedānta Darsana)或者叫《梵经》(Brahma Sutra),被公认为是印度宗教与哲学传统上的里程碑之一。伟大的圣人,譬如室利·商羯罗(Sri Shankarāchārya)和室利·罗摩奴遮(Sri Rāmānujāchārya)等,都有关于《吠檀多经》的精深注释。

往世书

哲学(Darshanas)的开始无疑是严谨和乏味的,只适合少数有学识的人。对普通大众来说,印度的圣贤们提供了另外一种更适合他们的教导,即《往世书》(Purānas)。《往世书》展示出了宗教世界里最轻松有趣的一面,用家庭谈话的方式述说了一个个鼓舞人心的故事和寓言。人们借此了解印度古代社会生活的方方面面。《往世书》一共有十八部,最常见的有:《毗湿奴往世书》(Vishnu Purāna)、《莲花往世书》(Padma Purāna)、《伐由往世书》(Vāyu Purāna)、《室建陀往世书》(Skanda Purāna)、《阿耆尼往世书》(Agni Purāna)、《摩根德耶往世书》(*Mārkandeya Purāna*)和《薄伽梵往世书》(*Bhāgavata Purāna*)。《摩根德耶往世书》的一小部分在印度教徒之间广为传播，叫作《女神颂》(*Devi-Māhātmyam*)。它的主题是有关对神圣母亲的崇拜。几乎每个印度教徒都会在圣日里诵读它。

史诗

像《往世书》一样，伟大的史诗《罗摩衍那》(*Rāmāyana*)和《摩诃婆罗多》(*Mahābhārata*)是两部非常受欢迎和具有人生指南意义的印度教圣典。这两部大史诗（Mahākāvya）分别由蚁垤（Vālmiki）和毗耶娑编著。它们被归类为历史传奇（Itihāsas），通过讲述有趣的故事，让印度教的根本精神与教诲深入人心。现已被译成不同的印度语系的译本，这方便广大的印度教徒们更好地熟悉他们自己的宗教文化。

薄伽梵歌

《薄伽梵歌》(*Gitā*)，是《摩诃婆罗多》的一部分。《摩诃婆罗多》讲述的是发生在俱卢之野的战争。交战双方是俱卢族的盲眼国王持国的后裔们（Kauravas）和他们的堂兄弟般度王子们（Pāndavas）。在五个般度王子中，阿周那（Arjuna）排行第三，是最伟大的英雄，薄伽梵（Bhagavān）即室利·克里希纳（Sri Krishna），现在是他的马车夫。

在战争一触即发的前夜，薄伽梵向阿周那解释了印度教的核心要旨。这段教导的内容，是《摩诃婆罗多》的一部分，被后人称为《薄伽梵歌》。正如《奥义书》是吠陀经的精华，《薄伽梵歌》则是诸奥义书的精华。在众多印度教的圣典中,《薄伽梵歌》是迄今为止最受欢迎的一部。

三大圣典

《奥义书》、《吠檀多经》和《薄伽梵歌》合称为"三大圣典"（Prasthāna-traya），被视为印度教的基础经典，享有至高无上的权威。印度教重要派别的创始人不得不根据此三部圣典来确定宣教的内容。只是他们用不同方式来阐述，才得到了不同的结论，例如不二论（Advaita-vāda）、限制不二论（Vishistādvaita-vāda）和二元论（Dvaita-vāda）。

密承

还有一类圣典，叫作《密承》（Trantras），它们详述了神圣能量之秘义（Shakti），并用不同的方式制定了不计其数的对神圣母亲的仪式与崇拜神圣的教程①。该文献通常以湿婆（Shiva）和雪山女神（Pārvati）之间的对话展开。有时候是湿婆作为老师，来回答雪山女神提出的问题；有时候则是以雪山女神为老师，来回答湿婆的问题。前者叫作"经书"（Āgama），后者叫作"纬书"（Nigama）。《密承》的典籍数量极多，其中比较著名的有六十四部，例如：《摩诃般涅槃那》（Mahānirvāna）、《库拉那瓦》（kulārnava）、《库拉萨拉》（Kulasāra）、《帕拉潘查萨拉》（Prapanchasāra）、《谭塔拉王》（Tantrarāja）、《楼陀罗》（Rudra）、《雅玛拉》（Yāmala）、《梵天雅玛拉》

---

① 参见下文第十章。

(Brahma Yāmala)、《毗湿奴雅玛拉》(Vishnu Yāmala) 和《脱达拉谭德拉》(Todala Tandras)。

主要宗派典籍

最后,就是与《密承》并列的宗教支派的典籍,主要是毗湿奴派的信徒(Vaishnavas)编写的《五仪轨本集》(Pancharātra samhitās)和湿婆宗编著的《湿婆经》(Shaiva Āgamas)[①]。像《密承》一样,它们据称是当今比吠陀经典更契合卡利时代(Kali Yuga)的信仰。只是不同于本章提到的其他圣典的是,这两种经典的权威知识并不是起源于吠陀,但也没有公开反对吠陀。它们还有一个特点是自创立之初(dikshita)就对所有种姓以及两性开放。

虽然《五仪轨本集》涉及215篇独立的经文,内容繁多,人们很难完全熟知,但以下这些名字大家应该很熟悉:自在天(Ishwara)、潘莎卡拉(Paushkara)、帕拉马(Parama)、萨特瓦特(Sāttwata)、跋利哈德(Brihad-Brahma)和耆那米莉(Jnānāmritasāra Samhitās)[②]。

传统上湿婆宗有二十八部典籍,每一部都附带有很多附录文献(Upāgamas),可惜只有部分零碎的经文留存了下来。

---

① 参见温特尼兹的《印度文学的历史》第1卷,587页。
② 第一个出自雅穆纳尊者(Yāmunāchārya)的文献中,中间三个出自罗摩努哲尊者(Rāmānujāchārya)的文献中,最后两个发表在《那拉达五仪轨》(Nārada Pancharātra)文献中。

四　轮回

"轮回"（Samsāra）一词，在印度教的词典里意义甚为重大。我们都很熟悉这个词，却几乎不了解它的真正含义。我们用这个词宽泛地表示出这个世界或世俗的生活。该词起源于梵文词根"sri"，意思是"经过"；前缀"sam"，其意思是"紧密地"。圣典教导说，我们不得不反复地经过这个世界和更精微、更高级的世界[①]。灵魂（samsriti）不断重复经过世界的过程，即"Samsāra"一词的含义。

整个印度教都立足于"轮回"这一概念，并提供了整体印度教式人生观的线索。为什么我们要给已故的亲人献祭？因为我们相信他们仍然活在某个精微世界，或者以不同的躯体生活在地球上。为什么印度教的妇女要承诺在她丈夫死后守寡？因为她只有对丈夫保持忠诚才能有望在死后与丈夫重逢。印度教徒们常做善事（punya），因为他们相信，这样会给死后的他们带来密集的享乐。他们尽量避免恶行（Pāpa），以免在死后遭受无穷无尽的折磨。这些类似的信念和习俗都源自印度教里面关于重生的概念。而这个概念并不是虚构的，它依赖于印度教先知们觉悟到的事实。

重生或轮回，在印度教式的人生观中是一个非常重要的概念。因

---

① 参见《薄伽梵歌》第8章，第16节。

此，我们在继续深入学习印度教之前，应当对此有一个清晰的把握。

我们死后并不会终止自己的存在。在此世之前，我们已经历了无数次的轮回。在《薄伽梵歌》里面，室利·克里希纳是这样对阿周那说的："哦，阿周那，你和我在此世之前就已经历了无数的生死，只是我对所有的过去之世了如指掌，而你却一无所知。"[1] 他又说："生，必伴随着死，死，也必定会重生。"[2] 事实上，一个人要反复降生于人世，直到他的神性完全开显。每一次的出生，他都要换上一副新的躯体，时候一到，就像脱掉外衣一样，躯体萎然死去。然而，居住在身体里面的"某物"依旧崭新如初。它只是从腐烂无用的躯体里出来，去往精微的世界，在那里待一段时间之后，又重新返回到了人世间，再度进入一个新躯体里面。这一精微世界充满了无尽的享乐或痛苦，这就是它被称为"经验之地"（bhogabhumi）的原因。而在这个人世间，每个人不得不为了最终的圆满而不断工作。所以人世间被称为"行动之地"（karmabhumi）。只要一个人尚未达至圆满，他就必定要周而复始地一再降生，处在束缚（baddha）的状态中。这种束缚是他在世上轮回的必要条件。

每一次出生，我们都会得到一副新的躯体。这个躯体由物质构成，叫作粗糙身（sthula sharira）。它是由食物材料组成的，所以也叫食物鞘（annamaya kosha）。这个粗糙身是我们最外层的壳。人们住在这个身体里，就像住在房子里面一样，当房子倒塌，他就从里面走出来，盖一座新的房子来居住。同样的，当粗糙之身耗尽其用，人们离开它，并建立一个新的身体。在《薄伽梵歌》中，这个身体被比作

---

[1] 参见《薄伽梵歌》第4章，第5节。
[2] 参见《薄伽梵歌》第2章，第27节。

一件衣服，当衣服破旧了，就需要弃下，换一件崭新的；同理，当身体老去，人们就需要从里面出来，再重新呈现在一个新的身体那里。[①]抛弃一个腐烂与没用的身体就是死亡，再现于一个新的身体就是重生。所以，死亡和重生只是把耗尽的旧身体换成一个新身体而已。我们每一个人都会反复生死无数次，那些知晓这个真相的人便无所畏惧，也不会感到哀伤。

在粗糙身的内层，还有另一个更精微更强大的身体，叫作精微身（Sukshma sharira）。任何疾病、衰老或死亡都不能触及这个精微身，自然界中无物可以毁灭它。在过去的无数次重生当中，我们的精微身一直相伴左右。

精微身，它由十七部分组成，分别是智慧（buddhi）、心意（manas）、五大主要能量（prāna），还有十大精微感觉器官[②]。就是这个精微身建造了粗糙身，并让其保持运行。我们通过精微身来感知、思考和渴望，它是我们存在本身的能动部分。

然而精微身并不是被它自身驱动的，从某种程度上来说，它与粗糙身一样，也是惰性的结构，虽然后者被它激励，去运作。它自身也是被"其他东西"激励而运作，这"其他东西"就是一个人的真实自我，即灵魂（Ātman）。

灵魂是所有生命、活动和意识（chaitanya）的终极源头[③]。精微身就是凭借灵魂来点亮生命，再激励粗糙身去运作，正如月亮反射太阳

[①] 参见《薄伽梵歌》第2章，第22节。
[②] 十大感官：觉知器官（Jnānendriya）有眼、耳、鼻、舌、皮肤，行动器官（Karmendriya）有手、脚、舌、排泄器官、生殖器官。
[③] 参见《观者与被观者的本质探究》第16章。

的光来照亮地球一样。

精微身受灵魂激励，尽可能久地运行粗糙身，然后再离开它，建造一个新的躯体。就这样，借此方式，我们经历了一世又一世。

行为创造命运（Karmavāda）

为什么一个人要反复降生呢？圣典对此有非常清晰的解释：只有当心灵纯净得毫无瑕疵之时，人的神性才可能完全显现。但是，这需要很长很长的时间。我们的粗糙身持续不了多久，一生的时间太短，完成不了这个任务。所以，在任务完成之前，我们不得不经历不计其数的生生死死。

这个世界上有无数的事物在诱惑着我们的感官，又有那么多事物被我们的感官排斥，导致我们渴望得到这些，又竭力逃避那些。这些欲望总是占据着我们的心灵，我们为了这些欲望耗尽了自己的一生。然而，道高一尺魔高一丈，欲望根本无法被满足，甚至还加倍膨胀。当我们满足了一个欲望，感官享乐的需求，就会变得愈发饥渴，又激发了新的欲望。所以，我们一直在没完没了地填补欲望这个深不可测的无底洞。

无论我们做什么事情，都必定会带来欢喜或痛苦的结果。每一个行动（karma）都注定了一个业果（karma-phala），只是到来的时间或有迟速之别。善行（shubha karma）带来欢喜，恶行（ashubha karma）带来痛苦。人们通常兼具好坏两种欲望，这就导致了他们的善恶两种行为，从而收获欢喜和痛苦两种业果。

在每一世，我们只耗尽一部分前世的业果，这部分叫作"定业"（prārabdha），余下的部分将在未来生活中被人们体验到，叫作"藏业"（samchita）。当前行动产生的结果，将被储存起来的作为"动业"（Kriyamāna）。所以为了收获我们自己行动的果实，我们不得不反复出生。

一个小孩天生是个盲人，他的眼盲确定是由身体原因造成的。但他由于眼盲导致的心理上的痛苦，根据印度教圣典的观点，必归因于他前世某些不好的行为。当我们徒劳无获时，我们常常会抱怨自己的命运（adrishta）；而当我们不劳而获时，我们又会庆祝自己的幸运。然而这命运是不可见的，只是我们过去行为的结果，即业果。我们不应该抱怨或庆幸，因为，这是理所当然的事情，是过去生行为的必然结果。我们不能避免前世行为之业力所带来的欢喜和痛苦，它们都是我们自己造就的。我们给自己铺好的道路，必须由我们自己来走完。我们没有权利因为自己的悲伤和病痛，而开始抱怨任何人，或任何事。

但我们能做一件事，那就是让此后的人生充满幸福，而这取决于我们当下所做的每一分努力。我们是自己未来命运的塑造者、创造者。如果我们不做圣典里禁止的恶行，而多做它要求我们的善行，我们必会拥有一个幸福的未来。

总之，以上就是印度教所教导的"业报"（Karmavāda）。我们的欲望（kāma）产生行动，行动产生苦乐两种果实。为了收获行动的果实，我们就不得不一次次地降生人世。欲望就是用这种方式，把我们卷入无有止境的生死循环，这就是"轮回"。

五　解脱

我们已经见识到了欲望是如何拖拽着我们反复经历生死。在这件事上，我们别无选择。只要我们仍然准备在这个世界上寻找外在的依托，我们必将被迫经历生死轮回。这一段旅程看起来无穷无尽，并且还伴随着痛苦。

这个世界无疑为我们提供了许多享乐的事物，但却不教给我们满足之道。我们总是贪得无厌。无论处在什么位置，我们总是会想得到更多力量、更多知识、更多快乐。这些欲望不断增长，让我们马不停蹄地追逐。想要达成目标的想法总是挥之不去，让我们非常不安。而且，经过感官享乐之后，我们不得不面对沉痛的懊悔。失败与绝望，失落与分离，疾病与死亡，几乎是我们所有人都要承受的，让我们在轮回之洋里痛苦万分。

这是无法避免的吗？人们就没有办法走出这种悲苦和沮丧的人生吗？圣典给出了积极的解答。

没错，是有出路的。通过觉悟到神，我们就能摆脱所有的痛苦。然后，我们就会发现一直在寻找着的永恒的喜乐和无限的知识，我们将不再经历生死，从此获得了自由，彻底摆脱轮回。

从轮回中解放的状态，叫作解脱（Mukti）。已解脱的人（Mukta

purusha）觉悟到他的本质不是别的，正是神本身，因此而成为全方位的神。彼时，他心如止水，没有欲望，没有痛苦，没有恐惧，他把博爱和悲悯献给所有涌向他的人们，并帮助他们自轮回之中救赎出来。

圣典认为解脱是每个人都应达到的目标。实际上，每个人都极度迫切地需要解脱。只是可能他自己没有意识到。

无论何时我们都在努力拓展自己的力量、知识和快乐，无论何时我们都想要逃离死亡，我们其实是想要释放出我们最内在的神性。我们一直都在这么做。我们拒绝受困于有限的原质（Prakriti）之中，原质给我们的只是快乐、知识、力量和生命的片段，而在我们的灵魂里，它们都是无可限量的，因为，我们的灵魂在本质上就是神。这就是为什么我们拼命从原质里挤出的一点点快乐、知识、力量和生命，不能满足我们。[①] 只有当我们完全觉悟并让灵魂的神性显现，我们才会停止对这些小小的目标的追求，从而汇入了存在、智慧与喜乐（Satchidānanda-sāgara）的无限海洋，我们不再向往原质施舍的小恩小惠。

所以，有意识或无意识地，地球上的每一个生命都被启发性地鞭策着，去感悟其内在的那个永恒与无限的不动点。换言之，我们每一个人都赶着从轮回中获得解脱。

现在，漫无目的地游荡在轮回中毫无益处，它延长了我们束缚状态的时间。如果只有通过解脱才能实现所有抱负，那么我们一开始就应该知道真相，这会省去很多麻烦。所以印度教徒把解脱作为最终目

---

① 参见《歌者奥义书》第7章，第23节。

标，并劝诫我们从一开始就要向着目的地勇敢前行。

然而，解脱并非易事，道阻且长，我们不得不觉悟到神，唯此，才能完全获得解脱。没错，神就在我们之内，神的一切都与我们切身有关。但只要我们的心灵不够纯净就不能觉悟到他的存在。所以，我们不得不去净化我们的心灵，这是我们唯一需要做的事情，一直到达目标为止。这也是我们实践的教法（Dharma），是我们的灵性追求（Sādhanā）。

心灵净化的过程很漫长，它耗费的时间不能用普通的年月来衡量。我们可能需要无数次的降生才能达到目标。①

圣典明确告诉我们一件事，一生中获得的进步绝不会清零，而是会作为资产，留给我们的下一生。而且，圣典还制定了关于心智净化的进阶教程。所有心灵的纯净程度不同，其当下的状态是由前几世的行动决定的。这就是每一个人的资质、品位和性格大不相同的原因。有些心灵很粗糙，有些则很精致。在印度教里面，每一个人都可以找到一个匹配自己心灵纯净度的修习起点。

现在，让我们一起来看心灵的净化意味着什么。我们的心意似乎总是胶附在外界上。我们不得不让心意完全聚焦于神，且仅仅聚焦于神。人们必须将心意从感官物质上移开，专注于神，然后他必定会亲证神，并成为永恒的自由。

但是，我们的感官总是被人世间和更高世界的诱惑所吸引。我们的心意追逐感官享乐，而忘了神的一切和人生的目的。② 我们让心意远离对诱惑的疯狂追求是非常不易的。

---

① 参见《薄伽梵歌》第6章，第45节。
② 参见《薄伽梵歌》第2章，第67节。

但是不管需要付出多少努力,这是不得不完成的目标。对所有感官享乐的依附是必须要弃绝的①。我们可以通过真挚和坚持不懈的努力达成这一目标。这些依附与执着阻隔我们的心意靠近神,就像泥土覆盖铁屑,使其不能被磁铁吸引一样。只要这些依附被清除,神就会像强力磁铁一样主动吸引心意亲近他。

然而,对所有感官享乐的依附不可能在一天之内完全被抛弃。甚至很多人会对于放弃感官享乐这个想法感到震惊。有着粗糙心灵的人们,就像幼稚的心,总是想要享受这个世界。

其实,人们也不必追求所有感官享乐的弃绝。印度教为他们制定了一个基础的教程,叫作世俗之路(Pravritti Mārga)。它允许个人追求世间和更高世界的美好的事物,并告诉他们怎么样才能实现愿望。那些真诚地走上这条道路的人能减轻痛苦,并在当下或将来收获更多的快乐。不仅如此,在这一条道路上,他们的心灵会逐渐达到一定的纯净程度。世俗之路(一条次第进化之路),从本质上来说,则是心智自律的基础课。吠陀中的宗教仪式部分指出了这条道路,《弥曼差经》阐述了这条路的具体细节。

然而有些人似乎受够了这个世界,他们甚至对更高世界的强烈感官享乐失去了任何兴趣。他们此生和前世的经验必定帮助他们看穿了感官享乐的空洞。这些人需要的是终极教程,即解脱之路(Nivritti Mārga)。为了断绝所有的欲望,他们不得不把心意完全专注于神。有很多相关的方法已经被罗列出来。人们可采用其中的任何一个方法,径直向着目标前进。"吠陀经"中记载知识的部分(Jnana

---

① 参见《薄伽梵歌》第6章,第35节。

kānda），即《奥义书》的内容，是最早阐释该条道路的文献。

印度教提供了抵达圆满的两个阶段：首先是世俗之路，接着是解脱之路，这两条道路覆盖了整个人生的教程。只有当我们再也不依附于外在的事物，我们内在的神性完全显现，课程才算结束。只有这样之后我们才跳出了轮回的魔圈，才获得最后的解脱。

六　世俗之路

　　这个世界是那么地有吸引力，充斥着各种各样的诱惑。迷人的风景、声音、气息、味道和触觉都在吸引着我们。我们想要抓住它们，享受它们。我们的享乐欲望不断膨胀。

　　同样的，更精微的世界里还有无穷无尽的更大的诱惑。试着想一下，一个健康强壮的年轻人，他学识渊博，真诚乐观，统治着全世界，所有的财富资源任由他支配。你能想象他有多快乐吗？但是他的快乐与精微世界里面得到的快乐相比，又一文不值。他的快乐要扩大一百万倍才等于一个祖灵世界（Pitriloka）得到的快乐。而祖灵世界的快乐扩大一百万倍才等于天神世界（Devaloka）的快乐。天神世界的快乐若是再扩大一百万倍，才勉强等于梵界（Brahmaloka）的快乐。这是圣典告诉我们的真相。[①]

　　圣典提醒我们，我们也会沉迷于精微世界的深度享乐。我们常常渴望在人世间得到最好的事物，这同样也会发生在精微的世界。

　　这些圣典与文献给我们指明了实现愿望的道路，即世俗之路。它教导我们必须审视自己的欲望。每一个欲望都不太好。有些会导致恶行并带给我们痛苦的结果。如果我们想要变得快乐，我们就不得不放

[①] 参见《鹧鸪氏奥义书》第 2 章，第 8 节，第 1—4 句。

弃这些欲望。像撒谎、偷窃、欺骗等给他人造成伤害的行为，都是恶行，它们会反作用于我们自己而导致人生的痛苦。我们必须避免这些恶行。任何促使我们行恶的欲望都必须被抛弃。圣典禁止了所有带给我们痛苦的行为。那些想要从此以后获得快乐的人都不应该违反圣典的禁令："禁止做"。

另外，圣典也命令我们做一些善行，因为这些一定会带来快乐。只要我们在世俗之路上，我们就得尽心尽力地履行圣典的规定。

那么，什么是善行的本质呢？简单地说，任何帮助我们变得无私的行为，都是善行。唯有这样的行为，才能带给人们快乐。人们不得不为将来的快乐而付出自己当下的私利。这样的行为就是牺牲，也叫作献祭（Yajnas）。

1. 五大献祭

在圣典里面，规定了五大类献祭，分别是供奉天神（Deva-yajna）、祭拜祖灵（Pitri-yajna）、诵读圣典（Rishi-yajna）、施予人类（Nri-yajna）和布施生灵（Bhuta-yajna）。我们不得不用祭祀来讨好天神界和祖灵界的居民们，还有祭祀圣典里面的先知与作者，以及全人类和地球上的所有生物。我们不得不献给他们我们的一切。这是我们快乐的价值所在。

祈祷和崇拜让天神（Devas）欢喜。天神也像我们一样，只是他们居住的条件更好。他们曾经也是人，在地球上做了很多善行，作为回报，他们降生为天神界的神。他们比我们拥有更强大的能量。他们控制着自然界元素的力量，如光、热、电、雨、风等等。当我们献出的祭品让他们感到满意时,他们就会让元素的力量有利于我们,并赐给我们最想要的事物。

祖灵界的居民之中有很多我们的祖先。他们爱我们。如果我们记得他们,并献给他们以祭品(tarpapa),他们会非常欢喜。他们也比我们拥有更多的力量。所以,当他们欢喜的时候,也能赐给我们想要的东西。

先知们(Rishis)不想从我们这里得到任何物质的祭品。只要我们定期诵读经典,他们就会很欢喜。实践"每日必行之事"(Nitya-karma),就像日出日落的敬拜(Sandhyā-Vandanā)。为此,我们不得不给自己留出一部分这样的时间。所以说,研习经典(Swādhyāya)其实也是献祭的一种。先知们若是欢喜,就像天神们一样,也会确保我们的平安与幸福。

施予人类(Nri-yajna)排在第四。我们必须帮助受苦受难的兄弟姐妹们。我们应尽力帮助同伴们脱离不幸。我们做这些事,实际上就是在供奉神。因为神以不同的形态存在着。神若满意于这些供奉,就会实现我们的愿望。

紧接着的献祭,就是布施生灵。我们应当留一部分食物给野兽、鸟类、昆虫等等。这献祭行为同样给我们挣得幸福和快乐。

前两类献祭包含祭祀仪式,后两类则是慈善之举,这四种合称为"伊斯塔普尔塔"(Ishtāpurta)[①]。

---

① "伊斯塔普尔塔"(Ishtāpurta):Ishta,祭礼;Purta,慈善行为,譬如挖公共水井。

2. 社会职责

除了五大类献祭，每个人还需根据人生阶段和社会阶层来履行特定的职责。印度教徒的一生，曾被圣典划分为四个阶段（āshramas），分别是学生期（Brahmacharya）、家居期（Gārhasthya）、退休期（Vānaprastha）和修行期（Sannyāsa），这四个阶段依次排序。处在任一个阶段都必须履行该阶段一些特定的职责。然后，还有四大社会阶层，每一个阶层都有其独立的职责。四大社会阶层（Varnas）就是婆罗门（Brāhmanas，灵性导师和法律制定者）、刹帝利（Ksatriyas，武士）、吠舍（Vaishyas，商人）和首陀罗（Sudras，工人们）。婆罗门，负责研习和解释圣典，他们被严格要求，过着纯朴简单的生活。刹帝利，指的是国王们和武士阶层，他们不滥用自己的权力，他们的武器和军队是为了保护弱小，惩罚邪恶势力。吠舍，或者说商人阶层，他们不屈服于贪婪和奸诈，他们量力行善，捐献自己的财富。首陀罗，也就是工人们，则被教导做一个正直活泼的人。

为了得到此世和后世的喜爱之物，人们必须根据自己的种姓和人生阶段履行所有的职责。这一职责就叫作天职（Sadharma）。

除了五大献祭和种姓职责，我们不得不崇拜神并向他祈求我们的渴望之物。神实际上是我们行动果实的真正施与者。如果我们在忠诚地履行完自己的职责之后，并虔诚地向他祈祷，他就会满足我们的愿望。为了达到渴望的目标，我们不得不竭尽所能做好本职工作。只有这样做之后，神才会应答我们虔诚的祈祷。

除了道德标准的实践，如真实、不偷盗、不伤害等，还有这五大献祭、种姓职责与对神明的崇拜，这些都是实践世俗之路的人所学习的必修课。献祭教导我们牺牲和服务，教导我们去爱，去服务于我们的同类，还有天地间的所有的生命。神是博爱，他存在于万物之中。所以，通过献祭，我们逐渐走出了自私的黑洞，不断靠近神——博爱和光明的源头。所以献祭，它不光带给我们幸福和快乐，还可以净化我们的心灵，引领我们走出黑暗，走向光明。种姓职责也可以洗去我们心灵的杂质，帮助我们逐渐抖落惰性（Tamas），控制好激情（Rajas）。直到最后，只有对神的专念才能纯化我们的心灵。无论何时，我们念想神，我们的心灵都能变得更纯净。

3. 现实情境

我们已经看到了古代的印度教徒们为了确保此生和以后的幸福，如何展开不懈的努力。其关键是，通过逐渐的自我控制，懂得牺牲、服务和对神的奉献，借此来磨炼自己的心智。为了获得从此以后的喜乐，古代的印度教徒们将经受这样的种种训练。

道德和灵性修习在某种程度上有助于我们获得此后的幸福，这是一条被古代圣贤们（rishis）发现的，基于世俗之路的真理。这条真理放在当代的生活也同样适用，我们要恪守它，并深信不疑。

但是，我们还要注意一件事情。经过好几个世纪，印度教的细节已经发生了巨大的变化。虽然世俗进化之路的核心真理不变，但其修习形式却有了彻底的改变。

以供奉天神为例，他们过去经常把黄油、炼乳等祭品投入圣火中，献给各路天神，并在祭祀的同时，吟唱神的赞歌，念诵相应的颂词。赞歌、颂词以及整个祭祀过程，都可以从吠陀经典中查阅到。

在当代，我们通常会用灯、熏香、鲜花、水果、糕点等类似的东西祭拜神灵，并唱诵不同的赞歌和颂词（mantras）。另外，我们会将神的图像，或象征物摆在我们的面前①，献上我们的祭品。我们的吠陀祖先们可没有这些东西。曼陀罗颂词以及整个祭祀过程，皆由后期的圣典提供（大部分来自《密承》）。献祭，比如把祭品投入火中，通常只是作为仪式崇拜的一部分被保留下来。但是在罕见的场合里，甚至还有一些人会将纯粹的吠陀献祭，如普特雷斯蒂（Putreshti-yāga），作为特定的结束仪式来实践。②

而且，大部分吠陀诸神，像因陀罗（Indra）、伐由（Vāyu）、瓦罗纳（Varuna）、迷特罗（Mitra）等神灵，都纷纷退下了历史舞台。他们中的一些人仍然只遵守礼仪崇拜。很久以前，吠陀圣贤们的光辉，被神明所遮蔽，这些神明包括太阳神（Surya）、象头神（Ganapati）、毗湿奴（Vishnu）、湿婆和神圣母亲（Shakti）。神以这些神圣形体被崇拜。这又产生了五大宗教：苏利亚宗（Saura）、噶内什宗（Gānapatya）、毗湿奴宗（Vaishnava）、湿婆宗（Shaiva）和沙克蒂宗（Shākta）。每一个宗教对应崇拜一个神的形体。如今占主导的是后三类宗教。

在很早很早以前，印度教徒们就已经对神有一个整体的认知了。我们知道，神是唯一者，但他可以凭借任何形体或不凭借任何形体而被崇拜。神决定我们的行为之结果。如果我们锲而不舍地走在正直的道路上，并向神祷告，一定会得到我们向他祈求的东西。我们可以或

---

① 例如吉祥物（shālagrāma-shilā）代表毗湿奴或湿婆的林伽（Shivalinga）代表湿婆。
② 这是纯粹的吠陀崇拜仪式，通过斯瓦米·达耶难陀（Swami Dayānanda）创立的雅利安社（Arya Samāj）复苏。该社于 1875 年在孟买创建。

不必向不同的神明祈祷。我们的祈祷可以直接传达到终极的神跟前。供奉天神不必在形式上做任何文章①。所以崇拜神的一个或多个形体，或者不借助任何形体来崇拜神，已经取代了古代的供奉天神这一祭祀形式。

现在让我们转向种姓职责（varnāshrama）。我们的社会结构已经发生了翻天覆地的变化。原先的印度社会有四大种姓：婆罗门、刹帝利、吠舍和首陀罗②。在古代的印度社会，这是根据不同的资质与职业来划分的，每一个种姓都有其对应的职责。现在取而代之的是数不清的后裔，尽管真正的婆罗门和刹帝利几乎很难被找到了。出身决定了种族划分。原来的资质和职业，已经与种性完全没有了关系。不同种族间禁止通婚、一起用餐等禁令让种族间保持着隔离。不可接触者在其中毫无立足之地。现今印度社会的这一面是很悲哀的，它滋生出了仇恨，把我们从平等博爱的传统印度教的理想中狠狠拖拽了下来。种姓职责，原本是为了自我的净化，而种族观念却正好相反。如果一定要保留种族制度，我们必须至少能看见同胞们的仇恨被消除。而事实上，不管是个人还是社会，都不会从种族体系滋长的偏见中有任何获益之处。

四大人生阶段，分别是学生期、家居期、退休期和修行期，它们是四个连续的人生阶段。其中每一个阶段，皆对应其特定的责任，四个阶段便形成了灵性成长的进阶教程。这样一个体系表明了古代印度教徒们的生活是一个持续的灵性精进过程。生活中的每一个事物，均

---

① 当然，每日例行之仪轨或唱诵"尼蒂亚卡玛"（nitya-karma），譬如像桑蒂亚礼拜（Sandhyā-Vandanā），包括曼陀罗（Gāyatri）的重复，仍旧盛行。
② 参见《薄伽梵歌》第4章，第13节。

指向最高目标。

这是事物的理想状态，它能最大化地利用人类的生命。这样的灵性训练将消除所有的反社会因素。个人和社会都将在这一过程中获益良多。

在当今的印度社会，人们通常只经历一个阶段，那就是家居期。而实际上家居期的责任意识也空缺了。学生生活不再是梵行为主的生活。隐士（Sannyāsi）生活，虽也仍然存在，但只是普通世俗生活的例外。

现今种族制度相对种姓体系的堕落，反映出我们的生活状况相较古代印度教的理想状态存在巨大的落差。我们的视线已经从灵性生活转移到了世俗生活。责任意识很快被权力意识取代。我们认识不到为了得到渴望之物而丰富自己灵性世界的必要性。我们只是简单地需要它们，然后去拼命得到它们。适者生存是我们的口号。可这只是一条丛林法则，不适用于需要灵性进化的地方。

所以，印度教生活的传统体系，已经逐渐被非灵性运动所侵扰。灵性修习，作为印度教生活的必要条件，因其缺席而变得引人注目。

4. 理想情境

灵性的退化令人甚为沮丧。我们必须对圣典的教诲深信不疑，基于古代的观念和理想重建社会。我们所要做的是重新调整细节以适应变化了的现实环境。

在四大种姓的制度下重组社会，现在看来可能性不大。但有可能看到那些从事与四大种族的职业一致的工作者们，虔诚地履行相应的职责。比如，那些祭司或传教士，必须热诚积极地按照圣典规定的婆罗门的标准来要求自己。那些拥有武器的人，也应做好经典所要求的刹帝利的本职工作。同样的，对应于吠舍与首陀罗的职业，这些工作者也必须各司其职。当然，如果有需要的话，细节方面可能需要调整，以更好地与这个时代相契合。

至于人生四个阶段，它们应当尽最大的可能被还原。这是我们丢失了的宝藏。如果我们再不及时恢复至少前三个阶段，印度的社会必定会变得空洞而易崩塌。最后一个阶段可以作为个人的选择，不做强制性要求。

我们将会看到，印度的孩子们将经历学生阶段的梵行期（Brahmacharya）之训练。当代的教育机构，也应当在该模式之下重新加以改造。旧时期的观念和理想必须注入其中。灵性教育，也必须和世俗教育一起被教授[1]。灵性基础上的品格培养，必须是整个教育课程最突出的特点。

只有这样的训练，才会让人过上正确的家居生活，然后人们再自然地过渡到退休阶段的林栖期（Vānaprastha），再不会有任何的不适应。

然而，道德训练的本质并没有改变。人们若想要踏上世俗之路，必须努力地净化他自己的思想和行动。行使正义，应该是他的座右铭。他必须在思想、语言和行动中实践真理。他应当保持身体和心灵的纯洁，绝不能伤害他人，绝不能做任何欺骗性的事情，不应该太沉迷于感官事物。他应当尽其所能地控制好自己的感官。

---

[1] 参见《蒙查羯奥义书》第1章，第1节第4句。

和道德训练一样,他应该以现代化的方式供奉天神和祭拜祖灵,而其余的三种献祭和种姓职责,只要它们仍旧适用于当前环境,就应当以古代的方式来执行。

简而言之,这些大体上就构成了人们想要走上灵性进化之起步,即世俗之路的现代印度教徒们的正法,或责任。

七　解脱之路

人们真正想要的是永恒的喜乐（shreyas）。他只是不知道从哪里获得以及如何获得。他们错将感官享乐当成了纯粹的喜乐。这就是他如此渴望得到此世和后世的诱人之物的根本原因。

财富、成就、名望和其他成千上万的世间之物吸引着他。他追着它们跑。他抓住了一些，享受了一会儿；有一些从他紧握的手中溜走，他感到痛苦；另一些仍被他紧紧攥在手里，但过一些时日又不见了。这些失去让他很受伤。然后，当他又升起了新的欲望，为获得新的垂涎之物，这一切，让他坐立不安。他沮丧地发现，享乐不能平息感官，他的欲望在这一过程中，反而变得愈发强烈。所以他的人生就变成了一场没有终点的赛跑，追逐着这些转瞬即逝的快乐。在这一条路上，他永远得不到满足。痛苦，诞生于未满足的欲望，以及喜爱之物的失去，尾随着他人生的每一步。痛苦将一直伴随着他，从此生再到另一生，因为他不得不一次次地面对死亡，即使他并不希望这样。

即使在更高级、更精微的世界，他能得到纯粹的快乐，却得不到永恒的喜乐。按照经典的教诲，即使一个经常行善的人死后可以享受密集的快乐，那也只能持续一段时间，之后，他又需要重新投胎到这个地球上，陷入同样的追逐。①

真的，只要人们被欲望驱动，不管处在哪个世界，他都得不到永恒的喜乐。正是欲望这把锁链，将他和轮回捆绑在一起。

然而人很不情愿和欲望分开，对感官事物的渴望控制着他。就像骆驼喜欢嚼多刺的灌木，即使这让它满嘴是血，也执迷不悟；人也沉迷于感官享乐，即使这让他陷入不断的生死轮回，带给他无尽的痛苦。

实际上，这样的人非常多。对他们来说，首先要走上世俗之路。一开始他们不必弃绝所有的欲望，只是必须要虔敬地遵循圣典的必须做和禁止做来约束欲望。这样做的人们，将在此世和后世享有美好的事物，并且，他们的心灵也会在一定程度上得到净化。享受完更高级世界的强烈的快乐，他们返回地球上，再一次，也是更专注地踏上世俗之路。他们的善行又再次将死后的他们带往更高级的世界，享受强烈的快乐。这个过程会不断反复，直至他们的心灵变得非常纯粹。

在这一阶段，他们意识到了欲望的空虚。不断反复的经历让他们掌握了真相：欲望永远不会被享乐熄灭，就像火不能被黄油浇灭一样。未实现的愿望，让人们并不开心。甚至在更高世界的享乐时光，也是有限的。他们通过自己的观察，确信世俗之路不能将他们带往永恒的喜乐。而这一永恒的喜乐正是他们一直在寻找的。他们意识到欲望的迷途，开始寻找另外的道路，寻找可以带领他们通往永恒的喜乐、不朽的生命和无限的知识之路。②

这种寻找，就是真正宗教的开启。世俗之路只是一个基础性的修

---

① 参见《蒙查羯奥义书》第1章，第2节，第10句。
② 参见《蒙查羯奥义书》第1章，第2节，第12句。

习,其目的是让心灵变得足够纯净,以至于能够意识到追求感官对象的无意义。它的作用范围就到这里为止,并不能让我们在通向圆满的路上前进多远。

若我们为了享乐,仍旧盯着感官对象不放,就无暇顾及潜藏在我们内在的神性。我们的视线必须从感官对象上移开,转向内在世界去亲证它。只有这样,我们才可能获得圆满,得到永恒的喜乐、不朽的生命和无限的知识。

就此而言,我们对感官对象的渴望是通向圆满之路上的唯一的障碍物,它让我们黏附于世界。我们必须跨过这个障碍。真正的宗教在跨越的这一刻开始,并在此结束。我们就在这一时刻,挣脱了欲望,成了神。

解脱之路带领我们通往目的地。它教导我们如何根除欲望从而展示我们的灵性本质。这显然是一条宗教的道路。

这就是为什么在《薄伽梵歌》中,那些颂扬世俗之路并将它视为至上目标的人[1],却被克里希纳严肃地谴责了。

实际上,宗教是从踏上解脱之路的这一刻才开始的。在《卡塔奥义书》(*Katha Upanishad*)里面,有一首诗歌(shloka)给出了概括:"创世主让我们的感官天生向外拓展,所以我们(通常)只能感知外部的世界,而不易感知自己的内在。然而,那些平静的人渴望不朽,将感官从感官对象上抽离后,他们亲证到了自我。"[2]

《奥义书》里满是这样的提醒,我们来看另一段文字:"不是通过宗教仪式,不是通过成就,也不是通过财富,而仅仅是通过弃绝,一

---

[1] 参见《薄伽梵歌》第2章,第42节。
[2] 参见《卡塔奥义书》第2章,第1节,第1句。

些人就臻达不朽。"①

与上面的表述比较，更为日常的表达则是——"有神（Rāma）的地方就没有欲望，有欲望的地方就没有神"。当代的圣者室利·罗摩克里希纳（Sri Rāmakrishna）是这样说的："如果你想获得神性，你将不得不弃绝贪欲和财富（kāma-kānchana）。"②

这就是解脱之路。毫无疑问，这条路既艰难又漫长。但是，如果我们想要臻达圆满，这是一条必经之路。

解脱之路，它包含了很多条可供选择的通往圆满的线路。就像我们去同一地方可以选择坐火车、汽车、轮船或火箭，沿着陆地、水路或空中的线路一样，我们可以根据自己的情况，选择最适合的交通工具和线路去往目的地。类似的，解脱之路包含了很多条通往亲证神性的线路，我们要选择最适合自己的那一条。

印度教规定的不同道路适合于不同天性的人。一些人喜欢行动，一些人偏爱沉思。一些人天生敏感，另一些人更依赖理性。我们的宗教给每一类人指示了独特的道路。

这些道路就叫作"瑜伽"（yogas）。"yoga"，其字面意思是"联结"。这些道路将带我们到达一个阶段，在这个阶段我们开始亲证到神。所以说瑜伽将我们与神联结在一起。当然，这个联结原本就一直存在那里，只是瑜伽帮助我们意识到这个事实。这也是这些道路被称

---

① 参见《凯瓦利亚奥义书》第1章，第2节。
② 斯瓦米·辨喜（Swāmi Vivekānanda）清晰地阐述了该观点："黑暗和光明，世俗享乐和神性的喜乐，永远不会同行。'你不能一边取悦于神，一边满足于自己的贪欲。'为了神，放弃一切吧。"甚至在其他宗教，我们同样注意到对解脱的重视。基督对富有的年轻人说："放弃你的所有，跟我走吧。"他曾说："无论是谁只为救自己的生命，将会失去它；无论是谁为了我放弃自己的生命，将会得到它。"

为"瑜伽之路"的原因。

概括地说,有四种瑜伽之路,适合不同类型的人。行动瑜伽（Karma-yoga）适合有行动力的人；智慧瑜伽（Jnāna-yoga）适合理性的人,有哲学思辨的人；奉爱瑜伽（Bhakti-yoga）适合偏感性的情感丰富的人；而胜王瑜伽（Rāja-yoga）则适合经验主义者。

在《薄伽梵歌》中,克里希纳说:"为了解脱而虔诚奋斗的人,甚为罕见,他是百里挑一的。"[①]事实上,几乎没有人会虔诚地渴望超脱自然,获得自由。只有那些人反复经历过生死,经验了感官享乐的空虚,才会真正追求解脱之道。对他们来说,欲望就像枷锁,他们恳切地想要打破这个束缚。

人们必须选择任何一种瑜伽,并经受相应的灵性训练。他们的灵性导师给他们指明了最合适的道路,并给他们提供建议,譬如怎样克服瑜伽路上碰到的困难等。就此,印度教的文化有很清楚的态度:一个灵性导师对于充满灵性的、有抱负的人（sādhaka）来说非常有必要。

---

① 参见《薄伽梵歌》第7章,第3节。

八　胜王瑜伽

有一些人不能轻信任何事情，除非他们是被切实的结果说服。简而言之，这些人其实是拥有科学家的精神与视野。当今这些人，其数量与日俱增。

对这些人来说，胜王瑜伽再合适不过了。它不要求人们听信任何的教条，也不用执行任何神秘的仪式。它只是清晰地制定了集中心智的进阶教程，并且这些教程的次第是完全理性的。当心意变得完全静止，解脱的目标就必然会达成。

它被描述成阿斯汤加瑜伽（Astānga-yoga，意义为"瑜伽八支"），因其制定了八个连续的次第课程。就此，人们不必以任何的信仰开始，甚至可以怀着试验课程有效性的心态，一个接一个地进行课程学习。如果怀着虔诚的心去尝试，即使是基础的接触学习，初学者也会在短时间内被新奇的体验震撼到。

1. 瑜伽八支

禁制（yama）、劝制（niyama）、体位（āsana）、调息（prānāyāma）、制感（pratyāhāra）、专注（dhāranā）、冥想（dhyāna）、三摩地（samādhi）

是八个连续的课程。

前两个是为了道德净化。禁制包括不伤害、真实、不偷盗、不邪淫和不贪婪。劝制指的是纯净、满足、苦行、自我研习和顺从神。没有这些道德基础，灵性的进步是不可能实现的。所以人们必须利用禁制和劝制打好道德的基础，才能走得更远。

接下来是体位。这是一种身体的锻炼。目的是训练身体，使其可以保持长时间的坐姿。有非常多的体位被制定。但是，所有这些体位都要求保持脊柱笔直，即保持头、颈部和胸腔在一条直线上。人们可以选择其中任一体式去练习，直到他可以坐那儿一动不动地保持一个小时以上。

调息是一个呼吸的练习。有规律的呼吸，可以帮助心意的集中。静坐，配合有规律的呼吸，让心意适于转向内在。人们应当在可靠的专家指导下进行调息的练习，否则，这可能会严重伤害身体。

接下来是制感，它指的是将感官收摄进来。这些器官不停地强烈地扰动心意。眼睛、耳朵等的物理身体层面只是外部的工具器官，对应于精微身体层面的是圣典里所说的感官（indriyas）。一般情况下，这些内部感官和其对应的外部工具器官保持连接；当后者接触到它们的对象（vishaya），前者随之产生特定形式的波动，并在心里激起相应的波动。

例如，当物理的眼睛的视线触碰到花，内部的视觉感官在心里产生花的形状。这就是我们看外在世界的心理形态。我们对于色彩、声音、气息、味道和触觉的所有感觉的心理过程均是如此。每一个感觉，都是借助相应的感官对应于特定的心意波动。所以，只要人们处于清醒状态，外部的工具器官就会不断接触它们的对象物，并持续使内部的觉知感官连同心意，一起受制于一系列不间断的波动（vritti）。

不仅如此，以上方式引起的觉知还通过暗示从内心深处召唤出想法和冲动，它们一道驱动内部的行动器官。紧接着，意念的波动在心理层面形成。我看到了一朵花，想法和冲动就从心里升起，操纵意念去摘取花。这些都是心理层面的连续变化。所以，只要内部感官与外部工具器官保持连接，心意必定会处于连续不断的动荡状态。

调息的作用，在于将内部感官与外部的工具器官分离开来，从而保持感官的平静。这是朝向心意的冷静过程而迈出的关键一步。首先，人们应该调控潜意识的冒出：让心意自然流动，并观察从内心深处升起的想法。这是一种清空心意的心理训练。它逐渐放缓想法从心底涌向表面的速度。坚持练习，心意变得更稳定，同时，神经也变得越来越缓和与坚韧。然后，人们对其内部感官的掌控也就有了很强大的定力，并能够将它们与外部的工具器官分离开。

心意通过调息获得了渐佳的稳定性，它的所有官能变得更加敏锐。观察能力、推理能力和记忆能力将随着心意躁动的减少而增强。一颗稳定的心，确实又是敏锐、坚定和有活力的。人们的品格塑造必须有一颗这样的心作为基础。刚开始练习时，人们需要很长时间的调息才能将心从大量的内外的扰动中解放出来，并维持心意的稳定。但是经过一段时间之后，人们会觉知到心意变得相当柔韧，并随时可以专注于单个物体，或单个想法。

譬如，在那个状态里面，人们应当尝试将心意集中在单个物体上。他可以选择任何一个物体进入沉思。但是，他很快就会发现，不管多么努力，心意都不能胶着于他的目标物上。目标物似乎变得模糊不清，心意的集中会被打断。但他必须反复尝试。这个过程就是专注。

专注的练习，自然就会过渡到冥想状态。反复尝试将心意锁定在一个目标物上，帮他的完全专注争取了一个短暂的时间停留。心意似乎变成了涓涓细流，持续不断地流向靶子。这个状态就是冥想。

通过深度的练习、冥想之后，就迎来了三摩地的境界。这是一个超常的专注状态。在三摩地中，心意的触手已经从所有的外物中退回。就像进入了深度的睡眠，一个在三摩地中的人，是感知不到任何事物的，甚至，连冥想对象也消融了。但是三摩地让心意变得比以往任何时候都要敏锐。也就是在这个状态下，目标物的本质将像一道亮光汇入并占据了整个心。在这之后，关于目标物的知识才会变得彻底圆满。

这个状态叫作有想三摩地（samprajnāta samādhi）。通过冥想任何事物的本质，直到与心意融合在三摩地中，人们能够彻底知晓关于该事物的知识。带着这种深度的、来自源头的知识，人们就能精通或完全掌控该事物。通过专念于五大元素（bhutas）——地、水、火、风和以太，印度教瑜伽士们（yogis）获得了控制外界大自然的力量。

前五个步骤只是瑜伽（yoga）的基础，即集中注意力。后三个步骤分别是专注、冥想和三摩地，一起构成了集中注意力的进程，准确地说，叫作专念（samyama）。专念，是从专注开始，依次以冥想和三摩地结束。

专念的练习，首先要从粗糙对象开始，然后逐渐替换成越来越精微的事物。在更精微的状态，心意自身变成了注意力所集中的对象。通过专念于心意，印度教的瑜伽士们获得了控制自己和他人心意的能力，并亲密地知晓了一切事物的本质、外在和内在。

但这不能作为最终目标。有想三摩地能够释放潜在的能量，揭露所有事物的秘密，并让瑜伽士获得完全掌控它们的能力。但却不能揭示他自我的神性，也不能让他从轮回中解脱。这一阶段若是不慎失足，也有可能会让他卷入几世的悲惨生活。

事实上，他几乎已经站在了最高觉悟的大门口。如果这一位瑜伽士能够耐心而坚定地练习三摩地，到某一阶段，神奇的事情就会发生。突然，心意变得纹丝不动。这就是所谓的无想三摩地。只要这种情况一发生，存在界的最后一层面纱似乎已被摘下了，自我显现，散发着神圣的光芒。瑜伽士真正进入到他存在的核心，并觉悟到他不是别的，正是神。

当他的觉知恢复到正常水平，瑜伽士好像变了一个人。没有任何事物会引起他的渴望、恐惧或悲伤。他达成了目标。他的内心安宁平静。带着博爱和热情，他开始引领其他人走上解脱之路。

2. 自我约束

然而，胜王瑜伽却充满了陷阱。人们应当在修习的最开始就有所提防。任何的一种速成追求都是危险的。基础意义上的道德准备是必需的，禁制和劝制必须在后面的课程学习之前先行保证。否则，瑜伽士的辛勤劳动，将可能会以身体的损坏而告终。任何身体上的病痛，升级为精神的紊乱甚至癫狂，可能都是拔苗助长的后果。另外，没有指导的调息练习也被证明有同样的风险。若是省略了这一步，直接进入制感练习，人们可能错过很多的益处。

制感让心意开始了解它自身。瑜伽士进入了一个新的领域，开启新奇的体验之旅。通过专注、冥想和三摩地，他的专注力加强了，发现了心意的巨大潜力。普通人的心智能量处于未开发状态，大部分都被浪费了。瑜伽练习，则使人释放潜能，并用它们创造奇迹。这些超能力叫作悉地（siddhis）。催眠术、心灵感应、异常的洞察力、超常的听力和许多更不可思议的技能，可能轻而易举地就被瑜伽士运用其获得的超能力（悉地），而展现出来。

但这些能力可能会毁了一个瑜伽士。就像财富一样，这些诱人的能力会让他偏离通向神的正确道路。他可能会为了赢得财富和爱慕，情不自禁地展示超能力。如果他这么做了，就会再次误入轮回的迷途。

一个真正想寻找永恒喜乐的人，永远也不应该屈服于这样一种诱惑。他必须永远不以获得超能力为目的，就算在瑜伽的习练过程中意外得到这些能力，也不能拿来炫耀。

然而有一些人学习胜王瑜伽，只是为了得到世俗之物和超能力。他们想要变得更富有、更美、更年轻，并想通过施展奇迹来欺骗别人。显而易见，这些人是自私的，他们被世俗意识所束缚。超能力在他们身上也成了对社会的祸害。他们可能给同伴们造成了很多伤害。所以，胜王瑜伽虽然能帮助我们探索与释放自我的神性，但却很容易被这些超能力寻求者们所滥用。我们应当提防那些用暂时获得的能力来诠释瑜伽的人。灵性无关于这些能力。人们对这些能力的任何渴望，就像对世俗之物的渴望一样，对灵性生活来说是自杀式的，人们应当像对待毒药一样避开它。

九　智慧瑜伽

潜水员潜到海底，把一粒粒的珍珠打捞了上来。我们的印度教圣贤们（Hindu rishis）就是灵性世界的超级潜水员。他们不是出海深潜，而是深入自己，并发现了稀世珍宝，其价值远胜过世界上所有财富的总和。在成功的挖掘之后，其中一位圣贤出来宣称："听，不朽之神的孩子们啊，你们住在此世或更明亮的世界，我已知晓伟大的唯一者，而知晓他的人将超越死亡（无明）。"[1]通过潜入他自身内部，圣贤们确实抵达过宇宙的最深处，并发现可以帮助我们超越死亡的宝藏。

这些圣贤们想要了解自己。他们将心意从感官的世界撤回，致力于寻找他的真实自我。这让他到达一个境地，在那里心意突然静止，自我赫然屹立，闪闪发光。圣者就看到了他的实相。他发现他的自我（Ātman）正是神——伟大的宇宙灵魂（Brahman）。他觉悟到自己和神的同一，因此获得了解脱，他在无尽的喜乐中激动地喊着："我发现了（Eureka）！"

多么神奇！一旦人了解了他自己，立马就成了神。是的，人只是神。他在本质上始终都是神。只是他必须自己亲证这个真相。这就是

---

[1] 参见《白骡氏奥义书》第2章，第5节，以及第3章，第8节。

他为了解脱所要做的全部事情了。

引领人们径直走向自我觉悟的灵性修炼（sādhanā），就是我们所说的智慧瑜伽（Jnāna-yoga）。"Jnāna"指的是知识，"Jnāna-yoga"代表对自我知识的专注。这样的专注，帮助人们穿透深层的无明（avidyā），并觉悟到真实的自我，不是别的，它正是伟大的唯一者：梵。

这瑜伽，是基于吠陀经典的知识部分（Jnāna-kānda）。这也是《奥义书》的核心内容。它是这样启示的："认识你自己。"[1] 为什么呢？因为，它宣称道："人的真实自我，正是伟大的神灵。"[2] 所以，通过认识自己，人们觉悟到神，并与他合二为一。[3] 他的灵魂就得以解脱。

这些不是空洞的言辞，也不是单一的教条。它们是《奥义书》圣贤们发现的灵性真理，并已被这片圣地上的成千上万的圣徒与先知们所一再证实。

智慧瑜伽，就是以这些灵性真理为立脚点，并抛出了一个打开自我知识的密钥，帮助我们导向解脱。

它不制定任何的仪式仪轨，也不要求人们像胜王瑜伽那样，进行类似于机械式的身体和心意训练。深入沉思圣典所揭示的人存在的本质，再配合冥想，即构成了智慧瑜伽的全部内容。这就是智慧瑜伽适合那些天生带有理性主义气质的知识分子们的原因。

智慧瑜伽士无须绕道。他是直接用分辨（viveka）的剑劈开无明

---

[1] 参见《蒙查羯奥义书》第3章，第2节，第5句。
[2] 参见《大林间奥义书》第2章，第5节，第19句。
[3] 参见《蒙查羯奥义书》第3章，第2节，第9句。

之处，抄近路到达目的地。

但是捷径不容易开辟。在开始智慧瑜伽的探索之前，大量的心智准备非常有必要。人们在学习这门课之前，必须具备一个非常健全和纯净的心灵。自我的神性，只有在精微和尖锐的智性的协助下才能被发现，[1] 而智性只有在心灵彻底纯净时，才能达到这样的状态。

这就是只有那些"四个练习"（sādhana-chatushtaya-sampanna）[2]扎实的人，才有资格练习智慧瑜伽的原因。

他必须区别开实在（神）和摩耶（宇宙）。他绝不能追逐此世和后世的任何事物。他的感官和心意必须全然在把控之中，并在所有情况下保持满足状态。他必须忍受挡在前进路上的所有苦难，并且不带一丝怨恨和遗憾。他必须对自我和先知们发现的灵性真理保持坚定的信心。他必须保持心意专注。当然最重要的是，对于解脱，他必须保持燃烧一般的热情，并一心一意地献身于此。

没有这样的心理预备，冥想自我是不可能实现的。通过思考自我的真实本质，人们最多只能得到关于神的模糊概念。任何更深层的进展都会受阻。跟自我觉悟相比，这些概念几乎毫无用处。它最多只能让人就这个话题像专家一样地畅所欲言。这大概是一个心灵不洁净的人在这条路上所能得到的全部了。而灵性的开悟尚在千里之外，它只能被纯洁的人实现。

对于具备必要资质的人们来说，智慧瑜伽展示的只有三步：聆听（shravana），沉思（manana），冥想（nidihyāsana）。

第一步聆听在于坚持聆听真实的自我。人们要在已经觉悟的导师

---

[1] 参见《卡塔奥义书》第1章，第3节，第12句。
[2] 参见《梵经》第1章，第1节商羯罗的注解。

的指导下开始。仅凭一个已解脱的圣人的言说，就能一针见血地消除学生的疑虑，[①]前提是这个学生也是资质成熟的。学生必须带着谦卑、中肯的疑问与臣服之心靠近圣人，[②]这样，他才可能解开自我知识的奥秘。这样的圣人不是唾手可得的，但人们起码得有一位高水平的灵性导师来指导，然后，在这样的指导下认真研习有关自我知识的经典。

第二步是沉思。人们必须弄明白从灵性导师和圣典聆听到的内容。持续的苦思冥索是必要的，因为他不得不凝思微妙精微的抽象事物。这必须配合全神贯注的意念来完成，简而言之，这就是沉思的含义。

我们平常生活中会有许多混淆的偏见，它们必须尽可能地被"沉思"纠正过来。虽然我们的观察和研习，教给我们很多关于宇宙的知识，但是我们对自己知之甚少。

"I"（主语我），"me"（宾语我），"my"（我的），"mine"（我的东西）是最常用的词。我是主体，整个外部世界是我的经验对象。世界由此被分成两部分：作为经验主体的我自己，以及作为我的经验对象的其他所有事物。在这两部分中，主体无疑是更重要的一个。事实上，我即我的世界观的正中心。

尽管我们自己有着多么至高无上的重要性，但是我们似乎对自己有着很糊涂的认识。我们的谈话暴露了这个事实。事实上，我们几乎不了解单词"I"所指的是我们自身存在的具体哪一部分，只是用它来指代人们最主要关心的排在其他事物之前的事物。

当我说，"这是一匹马"，我确实指这匹马是区别于我的东西，它

[①] 参见《蒙查羯奥义书》第1章，第2节，第12句。
[②] 参见《薄伽梵歌》第4章，第34节。

只是我的经验对象。当我说,"这是我的马",我是说这匹马是我的经验的一个特定对象,且属于我。我从不会将马和自己混淆。当马在踢,我从不会说成是我在踢。目前我们的看法应该非常一致。无论何时我们谈及其他任何主观经验对象,类似于马,也是同样的道理。

可是当我说,"我的身体",我的想法就存在一些混乱。很明显,我的意思是这身体属于我,那么这身体必定是区别于我的东西。它是我的经验对象,和其他任何事物一样。但是我们关于这一点的概念非常不清晰。比如,当我说,"我受伤了",我想法的混乱露出了马脚。伤口很明显存在于身体里,是区别于我自身的。但我忘了这个事实,在我说"我受伤了"的时候,其实是将身体当成了自己本身或者自己存在的一部分。所以我们说,"我很虚弱/生病了/老了"等等,其实是身体在经历这些状态。甚至我们的想法"我是一个男人或女人",也是出自这个混乱的想法。

所以谈及心意时,我们用这样的表达——"我的心意",指的心意是区别于我自身的。我们难道没有目击着我们心意的运作,就像我们观察所有外部事件吗?事实上,心意像其他所有事物一样,是我们的经验对象。但我们对此却没有一个清晰的把握。另外,如果真的是心意在做所有事情,我们怎么能说,"我思考,我渴望,我想要"呢?我们同时用两种表达方式,"我的心很担忧"和"我很担忧",来传达同一个意思。这显然也表明我们对于心意和我们自身的关系是多么地困惑。

身体和心意是我们不同的经验对象。而我们却将它们视作自身存在的一部分。然而真相在我们说,"我的身体""我的心意"等话语的时候暴露了出来。真相和假象在我们思想里以某种方式混合在一起

（Satyanrite mithumkritya）①。印度教圣典表明，这是由于根本的无明。无明遮蔽了我们的真实本质，并让我们呈现出非本真的面目。这同一的灵魂存在于每一个生物之中，从最小的变形虫，到解脱的圣人，无一例外。它们之间的区别，只是显现程度的不同而已。当无明一点点被清除，灵魂的光芒将越来越耀眼。

人类关于真实自我的无明太深，以至于我们认为自己除了是这身体，别的什么都不是。这是我们对自己最粗糙的认识。通过碎片式的有缺陷的辨识，我们逐渐相信我们就是这身体、器官与心意的拼凑。当我们更深入一步，我们会发现身体只是一个外壳，里面还居住着一个更精微的自己，它是由感官、心意、智性（buddhi）和能量组成。继续深入，我们甚至会发现，这些也都只是我们的经验对象。我们可以目击它们的各种运作。在这一层面，我们发现自己住在智性里。一般来说，智性似乎是所有生物个体灵魂（jivas）的宝座。

个体灵魂处在智性之中，自称是所有行为（kartā）的执行者和所有经验（bhoktā）的主体。有一本《奥义书》描述了一个生动的场景："知晓灵魂是骑手，身体是马车，心智是车夫，心意是缰绳，感官是马匹，感官对象是它们行驶的路。"②

我们确实作为个体灵魂居住在智性之内，而智性是精微身的一部分，精微身由智性、心意、感官和主要能量构成。我们作为个体灵魂通过粗糙身与粗糙的外部世界接触。同样的，在轻度睡眠状态，我们撤开粗糙身，又变成梦中的行动和经验的主体。我们在死亡之时，离开了粗糙身，带着整个精微身在重生时进入另一个粗糙身。所以，我

---

① 参见商羯罗注解的《梵经》引言部分。
② 参见《卡塔奥义书》第1章，第3节，第3—4句。

们以个体灵魂的身份在无数次生死里一直存在着。

然而，每一天当我们快速进入睡眠的时候，令人震惊的事情发生了。因为，在深度睡眠（sushupti）状态，我们的空间感消失了，我们自身似乎也消融于该状态。在这个状态，我们感知不到任何的事情，也不能做出任何的回应。行动者和感知者皆不复存在。我们似乎不再是个体灵魂。我们退回到因果身（kāranāvasthā）里面。我们生时的所有意识和经验（samskāra）很可能在这个状态呈现。一旦我们从深度睡眠出来，我们像复苏了一样，回到睡梦状态或清醒状态，重新作为行动和感知的主体而存在。

事实上，深度睡眠这个现象是不太寻常的。它几乎每天都会与我们作为行动和经验的主体的连续存在状态中引起一个断裂。但在深度睡眠状态，我们不能说自己停止存在。这不是一个全空白或全虚无。我们感觉到，即使在熟睡状态仍有一个存在的连续性。当我们醒来时，我们能够说自己睡得很香并没有经历任何事。我们这么说是基于谁提供的证据呢？我们存在的活跃部分不在这个状态。但却有什么东西在我们之内旁观着深度睡眠。我们之内的那个永远醒着的家伙始终在纯粹地观察着，它不产生任何的动作和经验。它一直在那里。准确地说，这就是我们的真实自我（Sākshichaitanya）。自我既不是行动者也不是经验者。它是个体灵魂在经历行走、做梦和深度睡眠三个状态时，所有行动和经验的永恒目击者，并会伴随我们的每一次生命。

我们确实是目击者本身。我们之内的个体灵魂是行动者（kartā）和感知者（bhoktā），同时也是经验对象。我们超越心灵的智性[①]，并

[①] 参见《薄伽梵歌》第3章，第42节。

不同于智性,而是作为永恒的纯粹心灵而存在。这就是我们的灵魂。印度教圣典启示我们,整个灵魂是所有遍在的存在,是存在、知识和喜乐的无限海洋。这正是宇宙灵魂,是无限的一,所有粗糙或精微的世界从它投射而来,凭借它而存在,又消融(Pralaya)于其中。

是的,我们的灵魂是一,是无法分割的。我们每个人不同的智性,被完全相同的灵魂的意识点亮,表现为不同的意识实体[①]。就像很多月亮在反射同一个太阳的光芒一样,它们反射着宇宙灵魂的光芒。个体灵魂就像我们之内的一个月亮,照亮了我们在粗糙或精微世界看到的关于我们自己的一切。

顺着这些沉思,优秀的修习者(Sādhaka)终于能够理解他不是粗糙身或精微身,而是超然物外的目击者,是最高的自我。

第三步,冥想需要智慧瑜伽士(Jnāna-yogi)从所有事物中完全撤回自己,并专注于"我是目击者"这一观点。当这一专注成熟时,所有事情突然从眼前消失,他发现自己与永恒的灵魂本是一体。这个状态叫作无伺三摩地(nirvikalpa samādhi)。

所以,经过这三步,智慧瑜伽士似乎将宇宙一层层拨开了,抵达它最内在的核心,并被恩赐予最高自我的觉悟。

---

① 参见《卡塔奥义书》第2章,第2节,第15句。

十　奉爱瑜伽

图尔斯达斯（Tulsidās），他是印度教的一位著名圣者，他也是印地语《罗摩衍那》的作者，他早年特别依恋他的妻子，甚至不能和妻子分开一天。有一次，碰巧他妻子要去父亲家做个短暂的拜访，这对图尔斯来说，分离一天的时间简直太漫长了，一个人在家根本就待不住。所以，妻子出发的当日，他就紧随妻子去了老丈人家里。这时，他的妻子感叹道："你怎么会对我这般依恋！若能把这份依恋转向神，你将会觉悟到神。"这些话语就像施了魔法一样印在了图尔斯的心里。他转身就成为一个神的狂热爱慕者。时机成熟的时候，他便觉悟到了神，并帮助别人像他一样，走上这种富有情味的觉悟之路。

在印度教传说里，有数不清的类似例子。比尔瓦曼格尔（Bilwamangal）就把对一个世俗女子的深度依恋转向了神，收到了神的恩赐。

此处的这些例子，都反映了奉爱瑜伽，或者说爱的觉悟之路。奉爱瑜伽，是依赖于简单的真理，即一个人能通过爱神而觉悟到神。其他什么都不需要——既不需要抽象的思辨，也不需要身体和心意的训练。另外，它也不会产生任何非自然的需求。

我们大部分人天生感性，而相对其他情感来说，爱，对我们的影响最大。我们爱自己；我们爱自己的亲戚朋友；我们爱自己的爱人和家庭。我们爱自己的社区、国家和种族。我们爱财富、权力和财产。我们也被性爱驱使。我们对所有这些的爱，决定了我们大部分的人世活动，并塑造了我们的行为模式。爱带给我们快乐，让我们的生活更富有意义。爱向整个世界抛洒它的魅力。没有爱的生活是无法忍受的。

毫无疑问，爱是人类基本的、普遍的情感，也是生活的强化剂。似乎其他情感都来源于它。比如说，我们对死亡的恐惧，是出于对生命的依恋。仇恨来自对自我利益的溺爱。事实上，最高贵的行动和最恶劣的行径，都源于对爱的控制欲。对他人无私的爱，则是所有拥有虔诚灵魂的人的原动力。我们最勇敢的行动，往往源于此。母亲独挡着狮子，以营救她爱的孩子。战士们因为热爱祖国而宁死不屈。另一方面，爱自己的利益胜过其他的一切，则导致刺客、暴君和剥削者的肮脏勾当。强盗或歹徒对至亲的爱，也变相刺激他做出杀人越货、鲁莽残暴的行径。所以，最高贵的社会美德和最黑暗的反社会罪行可能都是被爱所驱使。爱像一盏灯，可以点亮一座圣坛，爱也可以将一座房子烧毁。这完全取决于我们怎么用这个强大的情感。

奉爱瑜伽建议我们尽最大可能运用好这一情感。我们可以利用它来实现人生的目标——解脱。我们所要做的，无非是虔诚地热爱神，就像我们爱世上的其他任何事物。我们知道如何深爱一个人或一件物品，我们要做的只是将焦点从世俗事物转移到神上。通过这一过程，我们的情感本质得到了充分的发挥，再也不会感觉自己和神格格不入。而且，当对神的爱不断滋长，对其他事物的依恋就逐渐淡化，弃绝就变得毫不费力。另外，对神的爱一开始就伴随着纯粹的快乐。这就是为什么奉爱瑜伽，爱的觉悟之路，吸引了很大一部分人。它可能是最简单的觉悟方法，并适合绝大部分人的口味和能力。

然而虔敬爱神并不像它表面上看起来那么容易。只要人们心里尚对世俗事物留有一丝丝欲望，对神的爱就不能达到足够强烈的程度。爱一件迎合我们感官的物品是一回事，虔爱神又是另一回事，因为我们从来没有看过或感觉过神。

奉爱瑜伽可以帮助我们走出这样的困境。它提供了进阶教程，帮助初学者逐渐开发出对神的虔诚的爱，并导向最终的解脱。①

最高的完全专注于神的爱，叫作至上奉爱（parā bhakti）。这样的爱，伴随着狂喜和神的启示，是毗湿奴派信徒们梦寐以求的灵性修习的最高目标。这些觉悟之后的信徒们（bhaktas）的此生将变得圆满。死后，他们将带着精微身去到更高世界，永远生活在他们所爱的神面前。

全心全意爱神不是一天之内养成的，它需要逐渐培养。人们要先通过基础的训练，即预备奉爱（gauni bhakti），再加以虔诚的训练，逐渐成熟为至上奉爱。

像其他瑜伽一样，奉爱瑜伽也需要一定的道德基础。人们必须控制热情、进行自我约束和自我否定，真实、正直、诚挚、不伤害。人们绝不能垂涎属于别人的东西，在做好事的时候不应该只是想着得到回报。人们必须保持身体强壮和心意稳健，不能贪图享乐。

有了这样的道德准备，人们再带着毅力和决心坚持灵性练习。因为这一练习，他不得不将心意从其他事物上移开，并聚焦于神。那些

---

① 从另外的一些方面，亦可反映出该方法的合理性，譬如，在基督教和伊斯兰教里面，人们也是将奉爱瑜伽作为觉悟神的唯一方法。

拥有无畏献身精神的人将如愿以偿。

奉爱瑜伽要求的灵性修炼，指的是始终如一念想着神。仅仅这一念想就能净化人类的心灵，给人们以勇气与快乐，并带领他走向对神的至高之爱，从而得到解脱。在《薄伽梵歌》里面，克里希纳说："那些将所有工作奉献给我的，那些完全信赖我的，那些冥想我的，那些不依恋其他任何事物而只崇拜我的人，都将脱离轮回之洋，因为他们的心灵完全交付于我。"[1] 毫无疑问，我们的心很难一直不间断地念想着神。但是每一个新的尝试和坚定的努力，都会让任务变得更简单，前提是修习者不依附于世俗的事物。[2]

一开始，心可能会拒绝按照同样的方式运作。以同样的方式不断重复同样的想法是很无聊的。奉爱瑜伽展示了念想神的不同方法来解决这个根本的难题。我们可以只是重复他的名字，可以唱诵赞歌和祈祷词，可以为他献上祭品，可以冥想他，或他的力量与荣耀，也可以诵读关于他或受他恩典的人的经典。这样，就可能以不同方式将神填满我们的心灵，避免了千篇一律，从而让枯燥的修习变得富有趣味。

另外，印度教认为，神将整个宇宙从他自身那里投射了出去，以便我们更好地念想他。我们习惯了借助形态来念想任何事物。我们不能想象没有形态的虚空。现在，我们可以将整个宇宙视为神本身。同样，从自然界中选择任何一个物品，并将它视作神会更容易被我们所接受，因为这一物品也是神所表达出来的一个形态。

除了我们所见的关于我们自身的事物，人们还给神设想了多种多样的神圣形体，比如说那拉亚纳（Nārāyana）、湿婆、象头神、太

---

[1] 参见《薄伽梵歌》第12章，第6—7节。

[2] 参见《薄伽梵歌》第6章，第35节。

阳神、杜尔加（Durgā）、卡利女神（Kāli）。事实上，所有的神明（devatās）都是同一位神的显化，其中的任何一个，皆可视作神本身，并且，我们崇拜任何一位，也都会得到相应的效果。其中，显化对象越高级，我们就越容易将它视作神本身。

而且，印度教徒们还相信，神会将自身显化为人，来帮助人类的灵性进化。罗摩（Rāma）和克里希纳就是神在人世的化身（Avatāra，音"阿凡达"）中非常重要的两位。人们可以将任何一个"化身"看作神本身，并尝试奉献于他。

毗湿奴派信徒们是奉爱瑜伽的主要发起者，将室利·罗摩或室利·克里希纳作为他们的天选之神（Ishata）。爱一个化成人形的神，对我们来说无疑是最容易接受的。我们可能会怀着敬畏和崇拜的心情，站在了无形态的全能神或者光芒四射的神明面前。但这不是爱。爱是基于一种亲密关系。当神现为人形时，他其实离我们非常近，我们更容易亲近他。爱上化为人形的神，我们就不会受限于自己的想象力。

1. 神的象征与肖像

预备奉爱要求我们虔诚地将心意集中于神的任何一个显化物，无论是一块小小的碎片，还是最伟大的创造主大梵天（Brahmā）。世界万物皆为神的显化。所以人们也可以将太阳、月亮或天空作为神本身来崇拜。甚至人们可以想象，神在海之内，或在河流之内，或在山川之内，或在树木之内。就连小小的石块和金属片都可作为神的象征物，只要他是带着虔诚之心去崇拜的。所以，通过吉祥物，或湿婆的林伽，以及其他类似的象征物，印度教徒们所崇拜的其实是同一位神。现在，太阳、天空和吉祥物，这些无限永恒的梵显化的小单元，可以帮助我们将自己的心意聚焦于神。我们的心意不能捕捉无限，但是可以想象有限和具体的事物。这就是借助神的有限和具体的显化物更容易念想神的原因。这些显化物叫作象征（pratikas）[1]。他们是神性的表达。通过任何这些形态来崇拜神，就叫作对象征的灵性练习（pratika upāsanā）。

神的神圣形态以肖像（pratimā）或图片（pata）显示。这些肖像通常是由黏土、石头、金属或木头制成的。[2] 印度教的信徒们借助这些肖像崇拜神，而不是把爱献给石头或金属。当我们给死去的英雄的遗照或雕像套上花环，是在纪念哪个呢？显然这份崇敬指向的不是一张纸或一块石头，它们只是提醒我们英雄的存在，我们最终是将敬意传达给英雄。同样的，象征物或肖像只是提醒印度教徒们所崇拜的神的存在。事实上，当崇拜仪式结束，黏土制成的肖像经常被浸在水里。印度教徒们将肖像视作它象征的神，而不是它自身。

然而，象征或肖像作为具体的事物，帮助我们的心意远离其他感官对象而朝向内在，并最终指向神。在某种程度上，这有助于我们的灵性修炼，类似于幼儿园教育的级别。虔诚的修习者可以抵达这样一个阶段：当图像、庙宇、仪式和经典完成了它们的使命，便都退居到幕后，他可以看到神，触碰到神并与神直接交谈。各种形态和仪式都有它们的价值，帮助我们达到对神的至爱，达到最高的奉爱阶段。

---

[1] 常见的崇拜象征物有吉祥物、湿婆林伽、恒河、珍贵的石头、圣图（yantra）、圣书、罐子、水、花。参见《马蒂立卡必达密乘》第12章。

[2] 参见《鱼王往世书》第258章，第20—21节。

我们不应忘了预备奉爱的主要目的，就是净化心灵并开发对神的纯净热烈的爱。我们不能把它和与它形式相同的仪式混淆了，比如重复唱诵神的名字、颂词、祈祷词以及崇尚世俗之路的祭拜仪式。后者是人们出于对自己的恶行遭到惩罚的恐惧，或者对强烈的感官享乐的渴望。他们用祭拜来交换感官世界的享乐。然而爱不可能从交易中产生。那些仪式只可能求来垂涎之物，却不可能通往最高的爱或解脱。只有那些看穿了感官享乐的空虚，并希望走上解脱之路的人们，才适合将瑜伽作为灵性修习的终极课程。所以，从一开始，奉爱瑜伽士（Bhakti-yogi）就不能向神祈求这样那样的世俗之物。他们应当虔诚地培养对神无私的爱。

他应当找一位已开悟的，并能传授灵性知识的圣人当古鲁（guru，导师），并为他定一个天选之神（Ishta），即一个最适合他的神。每一个神的形体都有对应的曼陀罗。导师传授给他最合适的这个声音，他应当每天虔诚地念诵。导师也会教他怎么祭拜他的天选之神。他从灵性导师那里习得奉爱瑜伽的整个预备课程，然后要带着最虔诚的心，日复一日地练习它。

择神（Ishta-nishthā）指的是必须坚定地热爱同一个心中选择之神，必须认定同一个神的形体作为自己的择神。哈奴曼吉（Hanumānji）是室利·罗摩最伟大的奉爱践行者（bhakta），他说：

"Shrināthe Jānakināthen abhedah paramātmani
Tathāpi mama sarvaswah Rāmah kamalalochanah."

"我知晓神拉克什米（Lakshimi）和神希塔［Sitā（Jānaki）］是至

高无上的灵魂（Para-mātman），但我的全部身心只属于处在莲花之眼的罗摩占陀罗（Rāmachandra）。"

这就是择神。要是没有这般对自己天选之神的无畏奉献精神，修习者就不会有任何进步。

总之，对初学者来说，无畏地献身于天选之神是最重要的修习课程。为了确保效果更好，需要配合一些其他的练习。比如，奉献者要唱神的名字，听或读奉爱经典（bhakti scriptures），常去或者住在与天选之神相关的圣地，坚持寻求灵性高尚的灵魂伴侣。最重要的是，他应当虔诚地将自己的全部身心交付给神。所有这些都被建议作为催熟剂，促进他的爱成熟为对神的至爱。①

通过预备奉爱的练习，我们的心灵变得越来越纯净，对神的爱也开始萌蘖。现在，如果我们能够让这份爱流淌在生活的方方面面，对神的至爱将更趋于绽放。我们知道孩子对父母的爱，忠诚的仆人对主人的爱；我们也知道什么是知心朋友间的爱；妈妈对孩子的爱、忠诚的妻子对丈夫的爱也是我们所熟悉的。借由这些不同的情感与心态，一个人接受另一个人的爱或向对方表达爱。这就是奉爱瑜伽教导这一阶段的人们，将所有这些炽热的情感（bhāta）关联上他的天选之神的原因。人们可以将天选之神视作他的父母、主人、朋友、孩子或爱人，并尝试用行动来表达和培养爱。

在密教（Tāntrika）的传统里面，信徒们将他们的天选之神视为自己的母亲。② 毗湿奴派信徒规定了五种不同心态的名称，分别是平

---

① 参见《柴塔尼亚圣典》第2章，第22节。
② 注意到一个有趣的事情，基督教徒们将神视作他们的天父。

静心态（shānta）、侍奉心态（dāsya）、友情心态（sakhya）、慈爱心态（vātsalya）和恋人心态（madhura）。其中第一个心态表达的，不是与神的个人关系。

若一心一意地奉献于神，不求任何回报，甚至也不求得到关于神本质的知识，人们将获得平静的心态。由桑纳卡（Sanaka）领头的七位圣人就是这类型奉献者的典范。侍奉的心态信仰者把自己看作享有特殊恩典的仆人，服侍无限荣耀之神。马哈维拉（Mahāvira）是属于这一类别的著名的典范。"sakhya""vātsalya"和"madhura"分别代表朋友、父母、恋人的心态，是不同信徒对各自天选之神的不同心态表达。室利达玛（Sridāma）和温达文（Vrindāvan）的牛仔们，还有怖军（Bhima）和象城（Hastināpur）的阿周那代表了友情；耶事陀（Yashodā）和温达文的牧牛姑娘则分别是慈爱之情和恋人之情的典型代表[1]。

毗湿奴派的五种心态不仅类别各异，其情感的强烈程度也不同。事实上，这一系列心态按照所表达的爱的强烈程度在递增而依次排序[2]。平静的心态代表了一种对天选之神的平心静气的情感。侍奉的心态表达的是忠仆个人的爱和奉献之情，同时也怀有一份敬畏心。平静心态的信仰者通过沉思神的本质而肃然生敬，侍奉心态的信仰者通过沉思人格神的无限荣耀而充满敬畏。两者都与神保持着崇敬的距离。

接下来的三种心态则将崇拜者们带进一个更亲密的圈子，离天选之神越来越近。神的强大和荣耀退散，变得亲密和私人化。友情心态实际上含有一种平等的情感，类似于两个伙伴之间的感情，当然这

---

[1] 参见《柴塔尼亚圣典》第2章，第19节。
[2] 参见《柴塔尼亚圣典》第2章，第19节。

是一种爱的高级状态。在慈爱心态中，人们将神视为自己的孩子。一个人对克里希纳和耶事陀的疼爱，让他坚信如果不去喂神，神就会挨饿。他不关心神是否永恒和全能。实际上，爱通过慈爱心态达到了一个炽烈的状态。但是爱的顶点，则是在恋人心态中达到。在该心态之下，爱者和被爱者通过极为强烈的爱而融为一体。拉达（Rādhā）对克里希纳的爱就是个典型的例子。米拉（Mirābāi）在印度历史上留下了对这类爱的精彩记述。

当对神的爱以该方法培养，并成熟为至上奉爱，一个人就拥有了无上的喜乐。然后，他就真正地拥有了神性，到达了美、喜乐和爱的核心。"Raso vai sah"[①]——他正是喜乐的本质。印度教徒们认为，神并不只是无比庄严地坐在天堂的某处，机械化地分配奖励或惩罚给那些善者或罪人。印度教思想中的人格神是非常不一样的，他们的神比亲密者更亲密，比挚爱者更挚爱。母亲对孩子满溢的情感，丝毫也不能匹及神对信徒的爱。这世上有无数迷人的事物，而挂在它们脸上的美，只不过是他神圣之美的一个微弱的表达。"Tasya bhāsā sarvamidam vibhāti"[②]——他一发光，万物就都跟着亮起来了。他的存在不是给人们敬畏或恐惧的，而是用狂喜来振奋人心。这份喜乐太强烈以至于信徒们想要永远沐浴其中，而不愿追求解脱。他们渴望享受人格神带来的无止境的美和喜乐，同时祈求不要在非人格神（brahman）那里迷失自我。正如他们说的，他们喜欢品尝一块糖而不想成为糖。

在这一状态中，奉爱宗的信徒们看到了一切都与他的天选之神

---

① 参见《鹧鸪氏奥义书》第2章，第7节。
② 参见《卡塔奥义书》第2章，第2节，第15句。

有关，借此，他触及他自身存在的最幽深处。对他来说，整个世界成了爱和崇拜的对象。他甚至在老虎和蟒蛇之内，也看到了他所爱者的身影。这些神圣的灵魂们，无论走到哪里，都在播撒着爱、纯净和喜乐，并鞭策所有亲近他的人们，不断提升自己的灵性境界。

2. 密行训练

灵性训练的一个特殊课程叫作"密行训练"（Tāntrika sādhanā），也属于奉爱瑜伽的范畴，它和毗湿奴的教派传统有关。

这一课程相当全面，覆盖了灵性修炼的整个范围。它是智慧、胜王、奉爱和行动等四大瑜伽的完美结合，适合处于不同灵性阶段的人们。它的立场是人类灵魂和绝对者（Paramātman）在本质上实为一体，它引领信徒凭借具体的形态和仪式，逐步达到对终极真理的觉悟，顺其自然地获得解脱。

不同的灵性修炼方法由密承（Trantras）针对不同信徒群体来制定。一些方法适合站在最低级灵性阶梯的人们，他们属于答磨型（tāmasika），指的是天性麻木、无明和懒惰的人，几乎处于野蛮人的水平。为这类人群制定的课程叫"野蛮人的行为准则"（pashwāchāra）。其他一些灵性修炼课程专为处于中间水平的人们制定，这类人群叫罗阇型（rājasika），即天生有活力、有雄心壮志的人。这些课程叫"英雄灵魂的行为准则"（virāchāra）。

这两类群体进行密行训练的目的是获得力量和满足持续的感官享乐。所以对他们来说，密行训练只起到进化意义的世俗之路的作用。事实上，世俗之路的吠陀祭祀——供奉天神，大部分被现在的密教崇拜取代了。像胜王瑜伽一样，密行训练也会给追求者带来各种各样的超能力（siddhis）。然而，密行训练对超能力和感官享乐的追求者来说，不属于奉爱瑜伽的范畴，因为奉爱瑜伽需要的是对神纯洁、热烈、无私的爱。

还有一群人，他们几乎站在了灵性阶梯的顶端。他们是弃绝者，天生属于萨埵型（sāttwika）德行，拥有平静、纯洁、知足和清明的视野。他们洞穿了感官享乐的空虚，他们只追求神性的觉悟，臻得圆满。对这类人来说，《密承》制定了"虔诚之人的行为准则"（divyāchāra）。该课程的特殊之处在于它告诫人们，不能为了得到物质享乐而修习，而要通过爱来觉悟神。这样的秘密练习才是奉爱瑜伽。

《密承》的经文有64篇之多。它们制定了数以千计的宗教仪式和典礼，分别适用于这三类人群。但在所有经文里贯穿着一些共同的内容。

《密承》崇拜神圣能量（Shakti），通常，神圣能量会以女神的形态展示，比如杜尔加、昌迪（Chandi）、卡利、布旺尼斯瓦（Bhuvaneshwari）、嘉戈达利（Jagaddhātri）。神圣能量崇拜者叫作沙克蒂教派（Shāktas），正如毗湿奴的崇拜者叫作毗湿奴派信徒。沙克蒂教派会将他们的女神视为神圣母亲。

神圣母亲涵盖了所有神的功能形态，她是这个宇宙的创生者、维系者和毁灭者。在她那里没有开始和结束。她是永恒的。空间束缚不了她，她是无限和遍在。她是全知者，所以她被称为"意识之神"（Chaitanyamayi）。创造和消融是她的娱乐活动，所以她又被称为"游戏之神"（Lilāmayi）。她具备神圣能量的三相，即萨埵相

（sāttwika）、罗阇相（rājasika）和答磨相（tāmasika），这就是为什么她又被称为"三相之神"（Trigunamayi）。通过答磨相，她显示为无生命的物质。通过罗阇相，她展现为物质和主要能量，改变物质世界和所有生物的物理身体。而通过萨埵相，她呈现为不同功能和姿态的心灵，作为每个生物经验和行动的主体，她借由世界上的所有名相来表达自己。事实上，她是发生与创造的力量，从永恒和不变的存在（Nirākāra Nirguna Brahman）中释放而来。

究竟一点来说，这其实也只是印度教里人格神的概念，显而易见，它没有性别之分。给人格神定义男女性别，只是为了贴合信徒们的信仰。毗湿奴派信徒们、苏利耶教派和戈纳帕提亚教派偏好男性化的一面，而沙克蒂教派喜欢将人格神当作他们的神圣母亲。神的这种母亲身份无疑在信徒和神明之间建立了一种更亲密的关系。信徒就像孩子一样，沐浴在神圣母亲的慈爱和无微不至的关怀之中。

然后，密教的仪轨还有一个特征，就是提醒人们，个体灵魂（jivātman）和绝对者的一体性，还有神圣能量，就是神借由所有的形式、名字和变化来表达她自身的一种方式。在祭拜神圣母亲之前，训练者（sādhaka）被要求停留片刻，想象他自己的灵魂融入了绝对者，并且一切创造物完全消失了。然后，他再想象作为崇拜者的自我和他崇拜的女神从无形的存在中重新现身。他必须用自己神圣的灵魂与黏土做的女神像触碰，为其注入生命（prāna-pratishthā）。只有这样做之后，女神像在被呈上贡品时，才是一个女神的活泼泼的象征。

以上内容清晰地表明密教经典如何帮助我们通过具体的形式逐渐理解伟大的吠檀多（Vedāntic）的真理，即我们灵魂的神圣性。它可以说是一种基础工作或者说相当于幼儿园的教育，帮助我们理解最伟大的终极真理，从而获得解脱。就像智慧瑜伽士，通过纯粹的分辨和抽象的冥想而达到解脱状态，密教修习者则借助仪式的实践来达到。

密教经典的一个重要的共同点，就是它们都强调某些音节的重复（如 hrim，krim 等）。每一个音节代表特定形体的神的一个特殊方面。毫无疑问，神可以显化为不同形体，被当作宇宙的创造者、维系者和毁灭者。然而神显现为不同形体的人格神时，似乎带有显著不同的品质特征。所以卡利、塔拉（Tārā）、首达师（Shodashi）、昌迪、杜尔加、加嘎达特里（Jagadhātri）——每一个神都有不同形体和不同属性，并对应着不同名字和音节。人们通过重复念诵密教经典指示的音节，即曼陀罗，就能够让心灵得以净化，并越来越靠近他的天选之神。这一重复念诵，通常需要结合形态符号的冥想，可以使得效果更为显著。

密教仪式里面，还有另一个共同点，使得密教经典大大区别于智慧瑜伽。后者希望追随者们避开诱惑，而密教经典则指示他们的信徒们直面诱惑，并克服它们。一些密教的习俗要求信徒与诱人的感官物质相接触，同时将心意从该物质移开，转向对女神的专注。他被要求通过这一过程，将感官吸引力升华为对神的纯粹的爱。例如，接触酒和女色是一些密教习俗的特点。但是，酒不是让人酣醉的，女色不是让人迷失的，信徒们要做的是拒绝这些强大的诱惑，并集中心意在他的神上。这无疑是一个大胆的方法，但如果坚定地遵循，就会像当头棒喝一样制伏肉体。

然而，密教经典由于该一特点也获得了一些坏名声。其实它不应该受到斥责。印度教徒们相信，只有当一个人觉悟到神才能达到解脱的目标，并且当心意完完全全专注于神，觉悟就自然获得了。这是所有瑜伽的立脚点，而密教经典只是提出了一个它们独有的技巧而已。

这个技巧只是利用普遍被压制性的情感，自然地收拢我们的心意，使其专注于一处。比如，强烈的性吸引或者临死的恐惧可以产生同样的效果。现在，将信徒暴露于任一种压制性的情感中，使其思想汇聚于一点。心意借助这一情感冲动而聚焦于感官事物上。然后，并不是顺着情感冲动更进一步，而是他应按照密教经典的指示，将已专注一处的心意指向神。通过这个过程，复杂的任务变得简单了。就像用一个太空望远镜观察地球上的远物一样，这是一个猛然的调整。

这也就是一些密教习俗要求信徒们在被酒或女色激发了各种冲动之后，进而冥想神的原因。出于同样的原因，其他的一些密教习俗要求信徒们在最恐惧的环境中集中心意于神。比如，他们被要求在漆黑的深夜上，独自一个人坐在火葬场的尸体旁，并坚持一个月。

密教经典的这一策略无疑可以帮助人们快速迈向目标。但是这充满了轻率的陷阱。尤其是一个出家人必须非常小心，如果他恰巧要选择这条路的话。任何肉体上的软弱，都有可能让他屈服于因这一大胆的仪式要求而激发的激情。这种情况一旦发生，那么他所有关于神的觉悟都将不可避免地以失败而告终，不管是身体的，还是心性的。

许多人借由密教修习抵达解脱至福之地。罗摩·普拉萨德（Rāmaprasāda）和巴玛·柯希巴（Bāmā Kshepā）在孟加拉地区家喻户晓。近代的室利·罗摩克里希纳则通过亲证这些规定的仪式，彻底实现了自我的觉悟，证实了这是印度教神圣传统（Shāstras）的一个重要分支。

3. 无形相的神圣者

印度教也有描述对无形态的神的奉献（Saguna Nirākāra Brahman）。对很多知识分子来说，以某一形态展现的神毫无吸引力。

但是，人们在消除灵性修习的形式之前，应当慎重思量。它并不像看起来的那么简单。一个智慧的巨人，也许可能只是一个灵性学校里的小婴儿。与他匹配的可能只是一些幼儿园级别的修习。

另外，我们智力触及的灵性层面，并不能作为可靠的指导。我们的智力可能断定无限的神不可能以有限的形体存在。印度教也肯定至上梵（Parabrahman）是无形的（Nirākāra）。它甚至更进一步地说至上梵也没有任何品质。那么所有相对的品质，比如好与坏、善与恶、软与硬，不是出自同一个不可分的实在吗？绝对者怎么可能会被互不相容的品质所局限呢？印度教告诉我们，真相是这没有形体没有品质的梵是创造物的唯一源头。[1] 出于某种原因，这永恒的不变的梵成为或者显现为宇宙和其法则，还有人格神。这是神的摩耶（Māyā）所致。

现在，无属性梵（Nirguna Brahman）借助不可思议的摩耶，表达它自身的存在，宇宙间的所有名相都是其神圣者的乔装打扮。谁在限制它的能力呢？我们的智力毕竟是太贫乏了，不能对此做出准确的判断。

又是类似的疑问，我们怎么能把无限的神想象为我们的天父，在倾听我们的祈祷，伸张正义，挥洒仁慈？我们的智力怎么接受绝对者

---

[1] 参见《梵经》第1章，第1节，第2句。

的降维？绝对者不能被形态和品质限制，它是超验的，超越人类的想法和言说的范围。① 没有人能够祭拜这样的梵，但是，为了让心意能够指向神，我们尝试赋予神一些品质，比如称呼他为"仁慈的主"等诸如此类。这有助于我们接近神。如果能够促成灵性修炼的程度，我们不妨就去冥想特定形态的神，反而会使得我们更容易专注于他。

事实上，我们的心是那么地固化，它理解不了抽象的概念，而需借助具体的事物去把握抽象。这就是为什么就连那些最反对神形态化的人，他们在灵性修习过程中也不避开神的形态。"天父"的概念，用"他"或"她"来指代神，神在天堂的住所的描述，以及教堂的特殊建筑和仪式的所有细节，这些全都落于具体的形态里面。

在免除用象征物和图像（pratimās）来崇拜神之前，所有这些都需要被慎重考虑和度量。恃才傲物可能导致诡辩，并以物质主义的论调告终。对此我们应当格外当心。只有那些灵性修习到一定程度，并能够离开这些象征物和图像所提供的必要辅助的人们，才可以去追求有形相到无形相的神圣者。

这样的信徒被建议冥想神的遍在性。圣典提供了一些适当的场景，让冥想变得更是简单。人们可以冥想自己是海里的一条鱼，四周被海水所包围，再将这海水替换成神。人们也可以想象有一个空罐子，里里外外充满空气，或以太，再将这周围的物质替换成神。印度教的圣典也为这类信徒制定了合适的颂词、祈祷词和祭拜的方式。如果那些真正适合走这条路的人们能够带着对神的爱持之以恒地修习，他们也能像其他奉爱瑜伽士一样，抵达最终的目的地。

---

① 参见《鹧鸪氏奥义书》第2章，第9节，第1句。

印度教的一部灵性史，充满了对真理的神圣预言，充满了这些预言家们的无数传奇（siddha mahāpurushas），而这些真理，它们又纷纷诞生于奉爱瑜伽的每一个派别的不同拥护者之中，沿袭至今。

十一　行动瑜伽

正值伟大的"俱卢-般度"（Kuru-Pāndava）之战爆发前夜，薄伽梵·室利·克里希纳驾起马车，飞奔在俱卢之野的战场上，使得这位杰出的般度英雄阿周那可以视察对方的军队。阿周那立在马车上，望向四野，站在他面前的，居然都是他的族人，他们位列道路的两旁，准备殊死一搏。

这样的景象让他十分伤感。要在战争中杀死他亲近和挚爱的族人，这一想法简直让他窒息欲死。他怎么能够卷入这样一场凶残的战争之中呢？而对方的军队已经被贪婪和嫉妒蒙蔽了双眼，随时准备冲杀过去。但对他来说，绝不能做任何不人道的事情。不，不能为被夺去的王国的收复和战争的胜利，甚至也不能为了征服天界而出战，他怎么可以被这些蛊惑呢？不，他不能为了天堂和人间的任何事物而卑躬屈膝，参与如此卑劣的战争行为。浑身上下，他的每一根汗毛都在抗拒与他族人对战的念头。这些想法让他心烦意乱，阿周那拒绝战斗，并请求神圣的马车夫立刻掉转车头。

然而，室利·克里希纳并没有满足他的这个愿望。相反的，他鼓舞阿周那，防止他屈服于心理上的一种软弱。他毫无客气地指出，阿周那是陷入了迷惑，他混淆了纯感性主义和灵性目标。作为一个有文化素养的雅利安人（Āryan），他应该有更清晰的认识。他的行为无关他自身。它可能会玷污他伟大的英雄这一美名，也可能会阻碍他进入天堂。这是一场正义之战，作为一个刹帝利，战斗是他义不容辞的责任。这是他的天职所在。他必须遵守圣典派给刹帝利的这一职责。他不应该离开战场，像一个婆罗门那样地隐居世外的森林中，陷入深度的冥想。

现在，阿周那更加困惑了。他不能将自己与这显然残忍又不道德的行径圆融地加以理解。他坦诚地告诉克里希纳，他不追求任何当下或未来的事物，名望或天堂对他来说并没有任何的吸引力。忠于勇士的天职（Kshātra-dharma）无非给他带来名望和天堂，而在他看来，这些微不足道，他对此没有任何欲望。他所关心的，只有永恒的喜乐和圆满（shreyas）。那么，屠杀他所爱的族人和尊敬的老师，符合纯粹灵性的人生目标吗？这样凶残的行为和灵性进步真的没有矛盾吗？这正是他的心结所在。除非这个问题解决，否则他就不可能振作起来去战斗。因此，他恳切地向神圣的朋友和马车夫克里希纳求助，帮他摆脱这个进退两难的困境。

《薄伽梵歌》是印度最受欢迎的一部经典，它就是以上述的场景开篇。接下来的篇幅，则以克里希纳和阿周那两人关于就此一困境展开对谈，讲述克里希纳如何用吠陀先知们所揭示的灵性真理，来深入开导阿周那。

在这一对谈中，我们很清晰地了解到家居者也可以走向灵性修习（Nivritti Mārga）的终极目标，不需要远离他自己的爱人和家园。他能够处于世俗生活的中心，履行所有他应尽的责任，同时径直朝向圆满和神圣的目的地。任何职责，无论多么难以接受，都不能阻挡灵性世界的突破与开掘。关键就在于心态，而不是不得不做的工作本身。尽心地生活，尽职地做事，使得心灵彻底净化，继而追求更高的灵性成就。

这就是行动瑜伽，即《薄伽梵歌》记录的关于克里希纳精彩言论的主旋律。正如他指出来的那样，这类瑜伽早已被古代圣贤们所知；然而，经过一段漫长的岁月，人们逐渐淡忘了它的运用方法。这是自然规律的一部分，因为，世上的人们总是容易错过伟大的真理，容易遗忘，即使这些真理确实连接了世俗和灵性的巨大鸿沟。但是，经历了长期的停滞之后，克里希纳恢复了这一类瑜伽，把它作为通往解脱的另一条重要道路。

克里希纳赞赏完其他解脱的方法，并解释了其中最重要的几个瑜伽，譬如智慧瑜伽和奉爱瑜伽之后，他重点强调了行动瑜伽（Karma-yoga）。他详细地描述了它的意义所在，并说明了它的合理性。因为，只有行动瑜伽，正好可以解决阿周那的迷惑。甚至，连他想要逃避的最可恶的责任——与至亲族人战斗，都可以转向有效的富有勇气的行动瑜伽士的灵性修炼。

事实上，行动瑜伽，就是一个将我们的世俗行为转化为信仰与崇拜的方法（Yogah karmasu kaushalam）[1]。这是一个改变"羯磨"（karma，意为业力、行动）本质的过程。通常来说，行动必定会带来结果（karma-phala），可能是痛苦，也可能是快乐，可能在此世，也可能会在下一世。所以，我们的每一个行动都构成了轮回中环环相扣的锁链。这是非常严格的因果法则，每一个人都无法逃脱。产生行动

---

[1] 参见《薄伽梵歌》第2章，第50节。

的结果是羯磨的基本特征。但是，借助行动瑜伽的方法，这个基本特点就会被克服，行动不再产生果实。同样的行动，不再给我们套上枷锁，而是带给我们解脱。行动从根本上发生了转变，成为灵性的修炼。

那么，这是一种什么瑜伽，它创造了怎样的奇迹呢？瑜伽在《薄伽梵歌》中的定义是：在所有不同境遇下的同一心态，即平静（Samatwam yoga uchyate）[1]。这类瑜伽要求人们在工作时绝不能对结果有任何期待。为了责任而履行责任，就是其关键所在。无论结果之成败得失（lābhālābhau jayājayau）[2]，都应得到平等对待。这样一个平衡的心态，就是瑜伽。带着这样一颗平衡的心履行自己职责的人，就叫作行动瑜伽士（Karma-yogi）。

我们一起来看一下它的基本原理。

吠陀宗教，最初是立足于神存在的统一性，以及自我（灵魂）的神性和永恒性。梵（Brahman）独立存在。而我们却处在海市蜃楼一般的幻象宇宙之中，有生命与无生命的各种事物一起构成了整个宇宙。在我们的幻象中，我们相信自己就是所有行动和经验的真实主体，但是，其实这所有一切都只是宇宙能量，即原质的一种幻化。[3]我们生活在神圣摩耶的作用下，这很难破除。[4]

只要我们依旧被摩耶的幻觉驱动，只要我们看到的是众多幻象而不是唯一的神，那我们就应该按照经典规范自己的行为。如果我感

---

[1] 参见《薄伽梵歌》第2章，第48节。
[2] 参见《薄伽梵歌》第2章，第38节。
[3] 参见《薄伽梵歌》第3章，第27节。
[4] 参见《薄伽梵歌》第7章，第14节。

到疼痛，我应当小心别将疼痛转嫁到别人的身上。这时，我们不得不学会辨认善行与恶行。但是我们应当清楚，所有的这些差异，都只是相对的。以吠陀宗教（印度教）的至上观点来看，这些差异是不存在的，宇宙能量是所有行动的代理者。

事实上，那些站在至高点的人们就能以完全不同的视角看待这同一个世界。他们真的能透过所有表象，看到了伟大的唯一者，并看到他们自己也是伟大的唯一者。他们意识到了创造的真实意义，并将它当作神圣意志的游戏来理解与享受。在痛苦与欢乐、健康与疾病、生存与死亡、声望与骂名、善良与邪恶等所有的背面，他们看清楚了神圣的游戏。他们稳稳地位于自我的最中心，将所有一切都视为神性的显化。甚至美德和丑恶，也是在自我知识的光芒中失去了分界线。这自我既不参与行动，也不经验任何事物。无论如何，它都不会有任何的改变。它怎么可能杀死任何人，或者被任何人所杀死呢？[①]

带着这样一种处世态度，智者们相当泰然自若。自我就是圆满本身。那些觉悟了自我的人，非常知足。没有任何欲望能够扰乱他们的心意。完全从心理渴望中解放出来，这些圣人们始终沉浸在永恒的喜乐之中，[②] 这永恒的喜乐正是自我的本质。他们没有任何依附、恐惧或愤怒，不期待任何享乐，也不会被任何的悲痛所左右。不管迎来的是善是恶，他们都以同样冷静的心境接受它们。他们不会欢喜这个，也不会诅咒那个。他们的心灵歇在彻底的平静和镇定之上。

智者们这样独特的行为来自他们关于真实自我和宇宙真理的见解。这见解自然地与这独特的行为相关联。模仿这样的行为，虔诚地

---

① 参见《薄伽梵歌》第 2 章，第 19 节。
② 参见《薄伽梵歌》第 2 章，第 55 节。

将其作为自己的行为模式,将会引领人们获得这样的见解,从而得到解脱。行动瑜伽就是基于此一原理。像智者们一样,人们必须持之以恒地稳定心意,使其在任何境况下,都能保持完美的平衡,即使在包含各种关系纽带和责任需求的世俗生活之中,也是一样。"永恒的平静,安住于强烈的行动中"就是行动瑜伽所要达到的理想境界。

因此,行动瑜伽就有了两大要素,即行动与平静。人们必须激进又活跃,同时又能保持平静与镇定。表面上看起来好像是不可能完成的任务。当人们积极地参与工作时,怎么保持心意的平静呢?沉思、冥想、祈祷、祭拜等等,都会有助于心理上的冷静。这些可以被人们理解,但处理世俗事务又是完全不同的。它不会分散心意,并使其远离平衡吗?是的,不会。因为行动本身并不会扰乱心意的平静。通常人们的心意并不是受工作本身的影响,而是受到其他诸方面的影响。那种原因起于我们对行动结果的预期。我们追求行动的果实,仅此一项,就足以让心意焦躁不安。如果能停止对行动结果的追逐,我们就再也不会被任何行动扰乱心意了。相反,在这样的状态之下,每一个行动本身都将帮助我们获得平静的心灵、纯洁与最清晰的见解,直到我们觉悟到自身和世界的伟大真相,并臻获永恒的自由。

通常,我们工作是为了得到某物。似乎是对结果的期望促使我们播种行动的种子。现在,如果我们放弃这一期望,那么行动的动力何在呢?我们不会陷入答磨惰性吗?答案是:不会。行动瑜伽要求我们专注于行动而不执着于结果,并把这作为灵性修炼。这会加速我们前往圆满和神圣之目的地的进程。所以,我们对灵性进步的渴望将直接激励我们去工作。行动减少懒惰,而且努力根除欲望又弱化了不安分的激情。这两方面的减弱又会开拓出更平静、纯洁和清晰的视野。行动瑜伽，确实能够净化心灵，并激发自我知识的显露。

借助行动瑜伽净化心灵（chitta-shuddhi）直到它归于平静，这是《薄伽梵歌》所指出的，适合所有灵性修习者的必修课程（Āruruk-shormuneryogam karma kāranam uchyate）。① 人们只有达到这样的平衡心态，才可以决定去打破某些社会的关系，使心灵完全沉浸在神圣的知识之中。当然，人们也可以选择继续作为一个家居者去追求自己的幸福，就像遮那伽国王（Janaka）与其他的圣人一样。然而，《薄伽梵歌》建议人们，在归隐山林开始各种灵性修炼之前，需修习行动瑜伽以收获于动态中得以平静的心灵。人们若没有这样的心灵预备，就弃绝了所有的世俗关系和责任去追求灵性进步，将容易酿成悲剧（Sannyāsastu mahābāho duhkhamāptum ayogatah）。②

但是必须指出的是，行动瑜伽并不是那么容易修习的。放弃对行动结果的执着并不是一件简单的事。即使感官得到控制，物质欲望也被抑制，但更精微、更强烈的欲望，比如对名望荣誉、身份地位等等的渴望，却是一些难啃的骨头。对付它们需要花费一番心力。人们甚至很难捕捉到这些精微的欲望，因为它们深藏在潜意识的最底端。这让修习变成了一个几乎不可能完成的任务。

不过，就此印度人提供一个很好的办法，来完成这个"不可能的任务"。我们需要从欲望的出发点着手。是什么导致了这些欲望？我们必须找到并解决它。我们的感官天生对外物有所喜恶。③ 当心意被感官驱使，就会随之喜恶，而心意对喜爱之物的依附，就会导致欲望

---

① 参见《薄伽梵歌》第6章，第3节。
② 参见《薄伽梵歌》第5章，第6节。
③ 参见《薄伽梵歌》第3章，第34节。

的产生。我们想要抓住吸引人的东西，回避令人厌恶的东西。所以，若要根除我们的欲望，无论如何，我们必须克服对所有世俗之物的喜恶之感。

这可能要靠纯粹的意志力来完成。对于朋友和敌人、成功和失败、利益和损失、健康和疾病等所有相对的事物，我们必须一视同仁。当我们竭尽全力去保持这样一个心态上的平衡时，人们还必须能够自由支配自己的才能和精力，履行好职责。这就是行动瑜伽本身。若虔诚地修习它，人们必定能够像修习其他瑜伽一样抵达灵性的终点。

这一过程需要罕见的巨大的意志力。如果它能结合智慧（Jnāna）和奉爱（bhakti），就更容易被大部分人修习。借助冥想神自身，或宇宙至爱之主的形体，有助于人们培养对相反事物一视同仁的心态。

我们对事物的喜恶，皆源于无明。我们看世间万物只见其表象，而圣人却能看到寓居其中的伟大的唯一者。我们因无明而误认为自己只是拥有身体和心意的独立个体，且以为自己是所有行动和经验的主体，并从自身之外的创造物中挑出"我"和"我的"，然后将其视若珍宝。我们每个人立足于狭隘而不真实的自我认知上面，并将这个不真实的自我视作宇宙的中心。所有这些看似迎合未开化的心意和感官的想法，实则源于这个不真实的小我的价值判断。我们对事物的喜恶不光遵从欲望的牵引，还源源不断地为欲望提供能量。所以，若想弃绝欲望，行动瑜伽士应当妥善处理好无明。这只有通过对真实自我与世界本质的深度冥想来完成。

对最高解脱的寻求者被建议着眼于更高的灵性层面。他应当乐此不疲地铭记神圣合一的伟大真理。他不应将自己视作粗糙身或精微身。他就是神圣者自身，是所有现象的永恒目击者，独立处于和平与宁静之中。他不是行动或经验的主体。身体、心意、感官、呼吸、智性和灵魂，都是由宇宙能量，即原质（Prakrti）锻造而成，并由他来驱动。他才是所有行动和经验的主体。所以，当身体和心意从事任何工作，人们应当尝试理解这样的事实，即宇宙能量在主导着一切，真实自我，他既不是行动者，也不是经验者。成功的瑜伽士，确实能感觉到他就是如如不动且恒定不变的目击者，无论是在工作或休息，在醒时、梦时或深眠状态，他遍及身体和心意，目击着一切。他从没觉得自己在做任何事情，即使工作是通过他的身体和心意完成的，也是如此。① 冥想成功的瑜伽士所给出的视野，确实可以帮助我们效仿他的行为，以实践我们的行动瑜伽。这样的冥想，有助于减少无明，中和掉喜爱和厌恶这两种原始的心理冲动，并让人们得以审视欲望的源头。所以，对那些能够结合智慧瑜伽来修习的人们来说，行动瑜伽就变得相当具有实践价值。

这一结合对很多人来说，可能也比较生硬。灵性修习者可以从另一个角度来看待神圣合一。他可以想象自己只是神的一种器具，实际上是神在操纵所有的一切。神端坐在每一个生物的心里，凭借神秘的力量摩耶，② 我们每个人就像提线木偶一样地被牵动着。

"我是引擎，你是司机。我是马车，你是马车夫。我是房屋，你是居民。"借助这句话来思考人和神的关系，比退居为目击者自身要容易得多。要是你不可能消除不真实的自我，不如冥想神和自我的关系。神，即是借助摩耶之幻，将自己投射出来，并似乎在做着并经历着什么。通过至高宇宙能量（Parā Prakrti），显现为无数不同的小我；

---

① 参见《薄伽梵歌》第5章，第8节。
② 参见《薄伽梵歌》第18章，第61节。

通过次级宇宙能量（Aparā Prakrti），神显现为身体、心意、感官、物质界等等。要是无明做不到冥想神为唯一的实在，并消除"我"和"我的"，我们可以视自己为上帝用来行使神圣意志的工具。这就是《薄伽梵歌》里面，克里希纳对阿周那说："我已经（借助我的宇宙意识）杀死了这些人，你只需像（我的意识的）工具一样去行动。"[1]

"我是部分，你是整体。我是浪花，你是大海。我是火花，你是烈火。"修习者也可以这样来冥想自我和神的关系，并尝试减少他的原始无明（anādi Avidyā）。

更简单的方法，就是将神视为一个非常亲近和心爱的人，是跟我们有着亲密关系的人，比如父母、朋友、老师等等，正如奉爱瑜伽所给出的那种关系。"他派遣我来到世上履行他的工作。他依我所能，托付给我关爱和幸福。小到家庭，大到整个人类，全都属于他，都沐浴在他的大爱之下。他人的幸福是我至爱的父神、神圣母亲与古鲁们所在乎的，我有责任分享我的一部分给他们。我不应将自己当作家庭群体的相关人员，而是要把他们当作他托付给我照顾的孩子们。我应该用同样的心态来对待社区、国家、种族和人类。就像仆人细心照料她主人的孩子一样，即使她知道，这不是她的孩子而是她主人的孩子，我也应当这样来对待家庭、社区、国家、种族和人类。所有的财富也都属于他。死后我将分文不带。在世时，我只是他的财产管家。我不曾拥有任何的事物，所有一切都是他的。就像一个忠仆尽职地保管主人的财产，始终清楚这些财产不属于自己而属于主人，我也应当这样来对待暂时由我掌管的财富。"冥想这些话语，必定可以驱散无

---

[1] 参见《薄伽梵歌》第11章，第33节。

数的无明羁绊，有益于行动瑜伽的修习。

借由这一冥想所获得的观望态度，使得家居者的世俗生活中的一切，都神圣化了。所有一切似乎都与神相互关联。自私无处藏身。小我成了神挚爱和虔诚的代理人。一切都变得神圣而庄严，无物该被憎恨或更值得被喜爱。对世俗之物的渴望，在源头被截断，职责更像是神自己的工作。他们带着宗教的虔诚，将行动结果奉献给神。这样的信徒，就用平等心去顺受任何的状况，不管是好是坏，他都相信这是挚爱的神赐予他的财富与经验。

这样，就可以冥思奉爱瑜伽的精神来助力行动瑜伽的修习。这一结合满足了大部分拥有热切灵魂的人的需要。实际上，这对那些恳切地想要获得解脱（Moksha）的家居者们来说，这无疑是一个上等的良方。

然而需要注意的是，对这样的家居者来说，行动瑜伽就是灵性修习的必修课，不管是结合了智慧之道，还是奉爱之道。结合的情况依据修习者自身的喜好和能力而定。无论如何，若家居者将喜乐作为最高的生命目标，他就不得不尽心竭力地将世俗生活融入灵性的修习当中。他必须将所有与责任相关的行动转化为信仰。这样就可以全心全意地投身于行动瑜伽的实践，将快速净化人们的心灵，提升他的灵性水平。

毫无疑问，行动瑜伽就是将人们的世俗生活，转变为密集的灵性修习的好方法。通常，解脱之道的灵性修习，其终极课程不管是借助胜王瑜伽、智慧瑜伽，还是奉爱瑜伽，都需要断绝所有的世俗活动。因为根据这三种瑜伽所规定的内容，世俗生活中各种关系纽带和责任重担，都会阻碍人们全身心地投入灵性的修习。这就是为什么这些虔信者通常都需要切断世俗的关系，弃绝所有社会责任。他们不得不归隐山林（Sannyāsa），过着一种没有社会顾虑，只有灵性修习的生活。这一现象自然也给人们一个错觉，即世俗生活是真正灵性提升的绊脚石，它和灵性生活被看成是截然相反的两种存在方式。但是，行动瑜伽却打破了这一错觉。它展示了世俗生活是如何不让人分心，甚至还能加速人们的灵性进步。瑜伽，就是这样地将世俗的责任转变为灵性的事业，并将所有社会关系和责任负担的世俗生活神圣化。从行动瑜伽的角度来看，人们不管是在社会环境中，还是在森林里进行修炼，其灵性水平的提升都不会受到任何的影响。

《薄伽梵歌》指出，许多像遮那伽一样已解脱的圣人也没有放弃世俗生活。[①]《奥义书》还举例说，国王当中有一些圣者（rājarshis），婆罗门都要向他们求取梵知（Brahma-vidyā）。《往世书》里面也记载了无数遍布各行各业的家居者们通过行动瑜伽获得了灵性成就的事例。

但是，我们需要知道，行动瑜伽不仅仅适合家居者修习。那些弃世的隐士们也需要借助它达到静心的状态。他们必须借助行动瑜伽，并同时配合智慧之道，或奉爱之道，来磨炼和安定他们的心灵，使其达到相当高的水平。否则他们不能完全专注于任一形式的高强度灵性修习。并且在那样的一种情况下，隐士的生活很容易迷失在懈怠和懒散之中，并可能以悲痛和沮丧告终，正如克里希纳在《薄伽梵歌》中指出的那样。事实上，除非心意完全消除了喜恶，并专注于某一种灵性修习，否则行动瑜伽对所有人来说，都是非常必要和基础的课程。

---

① 参见《薄伽梵歌》第3章，第20节。

弃绝世俗生活可以在相当大的程度上促进灵性的提升，但是放弃所有的工作必须遵循行动瑜伽的要求，自然地消除所有欲望。只要欲望没有被平息，人们就永远不可能达到专注和三摩地状态。

　　弃世的隐士与家居者在修习行动瑜伽的方法上会有本质的差别。家居者的责任，源自他对社会与人类关系的忠诚。隐士的责任，则关乎对全人类的灵性服务，他对待尘世的关系不偏不倚。没有家庭、种族、教条或肤色挡在他和人类之间。所有物质和灵性的财富，为他提供了一个无限的视野用于行动瑜伽，直至心灵的澄明达到一尘不染，再无瑕疵。

第二部分

十二　先知与经典

广漠巨大的疆域仍处于遮蔽中，只有部分的印度教要旨被公布于众。我们讲述了轮回与解脱的思想，以及初级的世俗之道（Pravritti Marga）与终级的解脱之道的灵性修炼课程。关于上述最后一点，我们讲到了四种灵性修炼，即胜王瑜伽（Raja-yoga）、智慧瑜伽（Jnana-yoga）、虔信瑜伽（Bhakti-yoga）和行动瑜伽。当然，此番仅为概说。

然而，我们此刻正统览着印度教。那么让我们遍观并总结印度教之所以有别于其他宗教的本质特征。

每一种宗教至少有一个先知、一本相当于《圣经》的启示录作为它的思想源头。每一种宗教的教义，也都有一个真理的内核，镶嵌于仪轨与神话的外延中。因此，先知、圣典、灵性真理、仪轨与神话，便是形成宗教的五大要素。通过对印度教五大要素的大致了解，我们便能掌握这个宗教的全貌。

1. 先知

我们在印度教的精神源头找不到明确的先知。吠陀仙人们最先发现并宣布了灵性的真理。但他们无意于留名后世。那些确然有名字记录的人，也并非被当作先知来看待。灵性真理的文献《吠陀经》比起它们的发现者，反而受到了更多的尊重。

印度人相信，每当教法沦丧或非法（adharma）盛行，神将一次又一次地以血肉之躯降临人间。他们坚信神化身为人，指示人们通往正义的大道，并施与邪恶之人应有之惩罚，使其悔改。[①]

诚然，吠陀信仰教导我们：神存在于每一造物之中，事实上，它无处不在。但是，神秘力量摩耶为自我的知识盖上了无明的面纱。所有的个体生命（jivas）要用自己的努力，一点一点去除这一层面纱。事实上，这是次于人类世界的进化的秘密动力。在人类世界，这样的努力是有意识的。人类必须开启隐匿于自身里面的神性。这正是他的正法。

然而，人们时常忘失了这一关乎他生命及其灵性目标的核心真理。他在迷茫中愈行愈远，以至于笑斥他潜在的神性，以为这是荒谬之说。他无法让自己相信：他能从贪婪与欲望、厌恶与争吵、自大与愚蠢等自私的本能中超拔出来。神性的显现看起来就像空幻之梦。宗教因丧失了内在之精神，连同它的仪轨、教条一并成了闹剧。在这场闹剧当中，人们甚至用宗教来为肮脏与邪恶的行为做掩护。每当人向神的跃进岌岌可危之时，神便降临尘世，重新启动受阻的人类灵性发展之轮。经由他活泼泼的生命，人们看见了自己所能抵达的理想境界。神性在人类身上的显现，又好像变得清晰可见了。他的教义驱散了人们的疑团，他的生命为人们再次提供了在自我生命成长中可资仿照的清新、鲜活、光明的模范。这为人们向神性迁跃注入了新的动力。

[①] 参见《薄伽梵歌》第4章，第7—8节。

宗教因此获得了新生。人类再一次启动了神性精神之伟大征程。

这就是印度教教徒们对神道成肉身的用意之理解。他们径直称神为阿凡达，即宇宙精神的降临（ava，下；梵语词根 tri，穿越）。神好像穿越了一道将他的神性本质和物质显现（即物质宇宙）相隔离的边界。不同于个体生灵，阿凡达没有无明面纱的遮蔽。他全然控制了摩耶，闪耀着自我的知识的纯然光辉，宇宙之主的降生和存在，似乎是为了实现他的神性目的。阿凡达是神性的至高显现，而人则是神性的低层次显现。

《往世书》中说到了无数的阿凡达[①]。《昌迪文献》（*Chandi*）中记载了有些阿凡达在天界出现。然而，《往世书》中特别提到了世间的十个阿凡达，他们为：鱼（Malsya）、龟（Kurma）、野猪（Varāha）、人狮（Nrisimha）、侏儒（Vāmana）、持斧罗摩（Parashurāma）、罗摩（Rāmachandra）、大力罗摩（Balarāma）、佛陀（Buddha）、卡尔基（Kalki）。名单里缺漏了薄伽梵·室利·克里希纳，这说明它是不详尽的。阿凡达极有可能以更多的形式在未来降临，而时间与空间都不能限制神作为阿凡达降临。无论何时急需重建人类社会的精神平衡，阿凡达就在何时降临。这种情状会一次次地在无尽的时间中发生。印度教徒们历来相信，神道成肉身这一精神法则的运作。这就是为什么印度教徒们可以把佛，甚至基督和穆罕默德看作阿凡达。在这一历史时期，许多杰出的灵性人士在印度诞生，成了印度人眼中的神的化身。佛陀、商羯罗（Shankara）和柴塔尼亚（Chaitanya）是他们中的突出者。在我们这个时代，室利·罗摩克里希纳（1836—1886）成了许多

[①] 《圣典薄伽瓦谭》（*Vide Shrimad Bhagavatam*），另见《马坎德亚往世书》（*Markandeya Purana*）中的《昌迪文献》。

人眼中的阿凡达。

　　用一个词来表达这十大阿凡达的流行名单，是非常有必要的。名单里提到鱼、龟、野猪、人狮和侏儒可能会困扰我们中的很多人。许多理性主义者从中读出了生物进化顺序的暗示。在这一点上，我们不必为进化及相关问题费神。我们也没有任何理由为阿凡达名单上的次人类一族感到卑屈。印度教里神的概念足以容括所有这些事物。这显现自身为整个宇宙及其内容的神，可以化身为任何的形式来实现他的神性目的。这些阿凡达出现的时代，被描绘成远古的传说中的过往。我们对那个年代几乎一无所知。因此，我们完全不必浪费精力修订《往世书》中关于阿凡达的陈述，或为此辩解。只要我们知道神可能通过这些形式出现，这就够了。他的生命与运作跟凡庸之辈截然不同。他们的显现可能非常相似，但是神完全处在不同于普通人的神圣秩序之中。阿凡达是神圣的。① 谁领悟了这一真相，谁就能从轮回中解脱出来。

　　有时候，神化为女身，作为男身阿凡达的配偶出现。西塔（Sitā）是室利·罗摩（Sri Rāmachandra）的神圣配偶，维史怒皮亚（Vishnupriyā）是室利·柴塔尼亚（Sri Chaitanya）的配偶，印度教徒将她们奉为神圣的化身。室利·罗摩克里希纳的神圣配偶也一样，她以神圣母亲著称，为无数信徒所敬仰。

　　而且，印度教徒们相信：除了神的化身，尘世秩序之外的杰出灵性人士也时不时地在此尘世出现。他们作为导师（Āchāryas）而来，讲解印度教经典的正确内涵，给予人类灵性提升。他们是完美

---

① 参见《薄伽梵歌》第4章，第9节。

的灵魂，通常生活于高级世界。有时候，他们作为阿凡达的同伴（Pārashadas）陪伴他，作为他神圣使命的天赐的助手。有时候，他们作为神的使者逐个到来，传播关于神、终极精神和人类生命目标的不朽真理。更多时候，他们被认为是神的无限能量（vibhutis）的显现。然而，他们超常的灵性生命与教义，赋予了他们类似先知的面貌。这就是这一秩序的人格展示出来的精神力量（aishwarya），所以要把他们与阿凡达区分开，是一件困难的事。这使得人类的理解力很难确切分辨室利·商羯罗和室利·罗摩奴舍（Sri Rāmānuja）是神的化身还是这一秩序的人物。然而，我们这个时代的斯瓦米·辨喜（Swāmi Vivekānanda）被许多人视为这一秩序最贴近的代表之一。

显然，印度教虽然没有明确指出其源头存在任何先知，但是关于先知的到来及其使命却有着详尽而确切的论述。

2. 经典

我们列出的关于宗教的第二个要素是经典，虽然已经在单独的一章中讲述过这个问题，[①]但我们仍有必要对印度教经典的突出特征再做一番强调。

经典，印度语写作"Shāstra"。这一词指示了印度人是如何看待其经典的。该词由梵文词根"shās"（统治、管理）衍生而来。它的字面意思是"受它管理"。人们并不把印度教圣典看作是我们只能赞成、随顺或只规定我们在寺院里必须做些什么的启示文本。印度教圣

---

① 详见第一部分第三章。

典是用来管理我们整个生命，以便于我们可以在精神上得到发展、臻于完善的经典。

印度教的首要圣典是《吠陀经》。在此，我再次强调：印度人并非把《吠陀经》仅仅看作是启示之书。他们用"吠陀经"一词指向不朽的灵性真理之全体。它们全然是非个人性的。先知们发现了部分灵性真理，它们已被记录在广为人知的《吠陀经》中。无论灵性真理于何时何处被发现，它们都是《吠陀经》的一部分，因为《吠陀经》代表了灵性真理之全体。就其本源意义来说，它们不属于任何宗族、任何团体。它们属于整个人类社会。而且，它们也不属于某个特定的时间，它们是永恒。《吠陀经》的某些部分已经被发现，而更多部分的面世，则有可能在将来完成。谁知道呢？

关于印度教圣典的第三点是它的多样性，诸如《天启圣典》(*Shruti*)、《圣传典籍》(*Smriti*)、《开示》(*Darshana*)、《史诗》(*Itihāsa*)、《往世书》、《密承》等圣典。为了让微妙的灵性真理能够契合每个人的理解范围，它们在不同的圣典中通过不同的方式得以呈现。而且，有些圣典也强调了殊途同归的意旨。

我们要简要说一下《传承书》，它制定个人行为准则和社会规范，并不具有永恒的价值。它们时常根据社会情况的变化而变化。无论出现任何紧急情况，总有杰出的灵性人物出来修订《传承书》。尽管变化不定，它们必须一直遵循《天启》(《吠陀经》)揭示的根本真理。

关于印度教圣典，暂时就讲这几点。

十三　自在天

我们要讲的第三点是"灵性真理"。它包含了印度先知所认识的以及印度教圣典所揭示的关于神、自然和灵魂的一切。其中的一些，我们在之前的主题中已略有涉及。现在，我们要更细致地加以展开。

印度的万神殿里充满了无数神明，但对于印度教徒们来说，神，有且只有一个。事实上，他就是灵魂的实相。没有人能说出，或者想象他的真实模样，因为他不可思议，不可言说。凡有思维或言说，他们的追问和寻找即有阻碍。[1]

显然，神有别于我们所知道的任何事物。自然中的一切事物都存在于时空之中，陷溺于无尽的因果流转。它们出生、成长、衰败。它们是部分与部分的和合，因此也易于消融。但是，梵，即至高灵性，是浑然不可分割的，超越时间、空间与因果。他是不变的、永恒的、无限的、绝对自由的，超越我们感官之所能及。他不会被任何形式或属性限制[2]。他是超然的。关于他，我们只能这样来言说："非也，非也。"（Neti neti）[3]

---

[1] 参见《鹧鸪氏奥义书》第2章，第9节。
[2] 参见《大林间奥义书》第3章，第8节，第8句。
[3] 参见《大林间奥义书》第3章，第9节，第26句。

这就是印度教圣典所谓的至尊梵，即上梵。它不像我们所知道的任何东西，但它并非纯然虚空（shunya），也不是无知觉的东西。它是存在、觉知与喜乐的本性。印度教圣典中关于唯一的超越者也是这样论述的。这个宇宙一开始只是唯一的存在物。[①] 梵是真相、觉知与无限。[②] 梵是觉知与喜乐。[③] 太阳、月亮、星星、闪电或者火焰之光都不能抵达他。有他的照耀，这些发光体才有了辉光。因为他的光，宇宙被照亮。[④] 经由他的智慧之光，我们知晓一切。据说，他是我们耳朵的耳朵，是我们心灵的心灵，等等。[⑤] 事实上，他是我们身上至内至深之存在。因为他的觉知的触摸，身体的各个细微组织、头脑和感官才表现为"造物"（jivas），作为行动与经验的主体行事。[⑥]

但是，一切印度教圣典相关资料都没有描述，也不能描述至尊梵真正的模样。这些资料不过是伟大的超验实相的暗示与线索。正如"多么喧闹的浪花！"——这句话不能让一个没有见过大海的人想象出它来，同样，圣典的一切描述也不能使人领悟至尊梵的模样。我们能在其中采集到的可能是：无属性梵不是虚空，不是无觉知的东西。本质上，他是一切事物、经验的来源与支持，他是独一无二的。没有我，也没有你；没有主体，也没有客体。至尊梵是非人格神，圣典称之为"彼"，而非"他"或"她"。

印度教圣典坚信这一实相是创造之源。宇宙由梵产生，休憩于

[①] 参见《歌者奥义书》第6章，第2节，第1句。
[②] 参见《鹧鸪氏奥义书》第2章，第1节，第3句。
[③] 参见《大林间奥义书》第3章，第9节，第28句。
[④] 参见《卡塔奥义书》第2章，第2节，第15句。
[⑤] 参见《由谁奥义书》第1章，第1节，第2句。
[⑥] 参见《卡塔奥义书》第1章，第3节，第4句。

他，也归于他，^① 就这样无尽地循环着。如蜘蛛吐出丝又吃回去，神诞生宇宙又吸收它。如树木与花卉从大地抽芽，如头发于身体长出，宇宙也由神而来。^② 梵弥漫于整个自然界；自然中的一切都存在于梵，也通过梵而存在。^③ 神不是从无有中创造这个世界的。他从自己投射出世界。他是宇宙的动力因与质料因。

但是宇宙（Brahmānda）并未覆盖神的整个存在。宇宙无疑在神之中，但神永远超然不黏附于宇宙。正如圣典所提示的，宇宙是神的存在的一部分。^④

如此，我们的圣典把神看作超越的"一"，同时也是内在的"一"。他没有形式，没有变化，但是，他是大自然永恒变化着的无穷形式的基础。当它们受制于内在的"一"的强大统治时，自然中的一切都各得其所，各尽其能，井井有条，一派和谐。^⑤ 超越的"一"居于一切事物，从内部控制它们，但是感官、头脑和智性都不能认识他。他是宇宙主宰超灵（Antaryāmi）。他是我们真正的自性（Ātman）。^⑥

当宇宙从一个人的觉知中陨落——就像在无伺三摩地中那样，他就显现为无属性、无形相的梵（Nirguna Nirākāra Brahman）。但是，只要我们觉知到宇宙，这同一个梵就作为宇宙的设计者、保护者、统

---

① 参见《鹧鸪氏奥义书》第3章，第6节。
② 参见《蒙查羯奥义书》第1章，第1节，第7句。
③ 参见《伊萨奥义书》第1章；另见《大林间奥义书》第3章，第8节，第4、11句。
④ 参见《梨俱吠陀》第10章，第90节，第3句；另见《薄伽梵歌》第10章，第42节及《大林间奥义书》第3章，第9节，第26句。
⑤ 参见《大林间奥义书》第3章，第8节，第9句。
⑥ 参见《大林间奥义书》第3章，第8节。

治者出现，我们叫他沙克蒂（Shakti）和自在天。梵和沙克蒂不可分离。他们是同一存在的不同维度。就像燃烧的能量不能从火焰中分离，沙克蒂是存在之力量，他离不开梵。就像休息的蛇与游动的蛇并没有实质的区别，梵和沙克蒂也一样。就像纯粹的姿势变化不能影响一个人的身份，自在天的姿态不会影响梵的身份。

梵的有形相的（Saguna）一面，我们称之为沙克蒂或自在天。自在天是创造主，是人格神。他是宇宙无所不在的至高统治者。圣典把人格神的至高状态称作"Nirākāra Brahman"（无形相梵）。室利·克里希纳在《薄伽梵歌》中说："那是我至高的居所。"[①]

然而，大多信仰指向的都是人格神自在天。他是无形的"一"。凭着他全能的意志，他把自己显现为宇宙及其中的一切。这是他的游戏（lilā）。他是父，他是母，他是立法者，他是创造者。他是道路，他是目标，他是护持者，他是管理者，他是目击者，他是居所，他是庇护，他是至高的福音。他是源头，他是终点，他是一切的休止处。他是不可摧毁的宇宙的种子。[②] 他超越了可变与不可变。作为不变的"Ishwara"——至高的存在（Purushot-tama），他包容一切，护持一切。[③] 敬拜神，就是敬拜他，只是敬拜他。

根据印度教圣典，无形的神却因摩耶而呈现变幻的形式。[④] 事实上，一切的名与相都是他的幻化。另外，他有许多神圣的形式，纯洁

---

① 参见《薄伽梵歌》第15章，第6节。
② 参见《薄伽梵歌》第9章，第17—18节。
③ 参见《薄伽梵歌》第15章，第17—18节。
④ 参见《梨俱吠陀》第11章，第47节，第18句；另见《大林间奥义书》第2章，第5节，第19句。

的灵魂可以在任一形式中看见他。这些形式不过是不同形制的衣服，衣服之下的神总是同一个。他穿上这些形式的衣服，只是为了让自己能为我们所亲近。所以说，神也以不同形式的化身（Avatāra）出现。

根据印度教圣典，虽然神是唯一的一，但是他显现为多。虽然他纯然无形相（Nirākāra），但是他以经由无数的形相显现。虽然他不被属性限制（Nirguna），他却正是一切属性的源头与供给。他是人格的，同时又是非人格的。即是作为有属性的人格神，通过无数的名与相（Sākāra），被敬拜；同时，他也作为无形的一被崇拜。这就是为什么，印度人甚至把阿拉（Āllāh）和上帝（God）看作是宇宙之主——自在天的两个可以互替的名字。

然而对于众印度教徒们来说，有无数种选择——选择神的这一面向或者那一面向。不同的教派（sampradāya）持有不同的观点。有的认为神是没有形式、没有属性的；有的相信，虽然他无形，但是他有属性；另一些坚持，他有永恒的形式与属性。最后一派，根据他们选择的不同形式再做细分。因此，他们中有些是湿婆派（Shaivas），有些是毗湿奴派，有些是沙克蒂派，等等。

神与他的荣耀（mahimā）是无限的，通向他的道路不计其数。因此，根据神的这一面向或那一面向的选择，印度教社会自然地被划分和再细分为各种教派。这仅仅显示了印度教的丰富，它有着向神开放的众多道路，适于不同的趣味、性情、资历。然而，没有任何教派可以宣称唯有它的观点是正确的。这增加了宗派主义者之间的争吵，破坏了印度社会的强盛和稳固。它产生憎恨与嫉妒——灵性的真正敌人。

吠陀先知明了，神之实相的伟大真理不能被思想或言辞描述。他不能被不同的宗派或不同的宗教关于他的言说穷尽。他是所有的这些，且不只这些。可以说，每一宗派或宗教持有对同一实相的不同角度的解读。就其本身而言，每一观点都是正确的，但是它们都不能传达神的全部真理，他超越心意与言辞。《梨俱吠陀》如此宣告："真相只有一个，圣人用不同的名字称呼它。"①

室利·罗摩克里希纳曾用下面这个有趣的寓言说明了这一点：

四个盲眼人想要知道大象是怎样的。一个摸了摸大象的腿，说："大象就像是柱子。"第二个摸了摸大象的鼻子，说："大象就像粗棍子。"第三个摸了摸它的肚子，说："大象就像大罐头。"第四个摸了摸它的耳朵，说："大象就像大蒲扇。"这样，他们就开始争论起来。一个路过的人看见他们这样争论不休，问："你们在争论什么呢？"他们向他讲述了问题的经过，叫他来裁判。那人说："你们谁也没有见过大象。大象不像柱子，它的腿像柱子。大象不像蒲扇，它的耳朵像蒲扇。大象不像结实的棍棒，它的鼻子像棍棒。大象是由它的腿、耳朵、肚子、鼻子，所有这些组成的。"就像这样，那些只见过神的某个局部的人争吵不休。②

两个人为了变色龙的颜色热烈地争论着。一个说："棕榈树上的变色龙有着漂亮的红颜色。"另一个反驳说："你错了，那只变色龙不是红色的，是蓝色的。"他们争论不下，一起找到那个一直住在那棵树下的人，他看见过变色龙所有时段的颜色。一个争论者说："先生，那棵树上的变色龙难道不是红色的吗？"那人回答道："是的，先生。"另一个争者说："你说什么呀？怎么可能？显然它不是红色的，是蓝

---

① 参见《梨俱吠陀》第1章，第164节，第46句。
② 参见《罗摩克里希纳的教导》，第287页。

色的。"那人又谦卑地回答道:"是的,先生。"他知道变色龙不断地改变它的颜色,因此他对互相矛盾的陈述都表示肯定。独一无二的梵(Satchidānanda,字面意思即"存在—智慧—喜乐",为梵的三个属性)同样有着变化的形式。看过神某一面相的信徒只知道那个面相。只有看过他无数面相的人才能说:"所有这些都是同一个神的形式,因为神是形形色色的。"他是无形的,也是有形的,许多人们不知道的形式也都是他的面相。①

用这些类比,室利·罗摩克里希纳指出:不同宗派的不同观点都是对的,但都只是神的部分的呈现。

这同样说明了为什么印度人崇拜千万神祇。他们中的大部分不过是同一个自在天的不同呈现。许多其他宗派的神明是他无限权能(vibhuti)的部分显现。敬拜其中任何一个神明,最终指向的都是同一个神。

其余的都是神灵(devatā)。他们是有着尊贵地位的生灵。他们因为尘世的值得称颂的举动而上升到这个阶位。他们中最伟大的是最初的生灵,叫作金胎(Hiranyagarbha)。他是宇宙之智。他涵盖一切显现,从而有着无限权能。阿耆尼(Agni)、阿蒂亚(Āditya)以及其他类似的神灵代表了他或此或彼的权能。这些权能是无限的,这些神灵也是无限的。但是,它们皆被同一个神所含摄,他就是金胎。②敬拜任何神灵,都是对他的敬拜;敬拜他,就是敬拜所有神灵。经由宇宙的存在,金胎就成了荣耀的生灵(jiva)。因此,这些神灵不能与自在天——永恒的万物之主宰相混淆。当然,他们可能被当作神的

---

① 参见《罗摩克里希纳的教导》,第 207 页
② 参见《大林间奥义书》第 3 章,第 9 节,第 9 句。

象征，就像人也可能被当作神的象征。

　　如此，在自在天以及天神的诸多形式中，印度教提供了一个根本统一的视野。

十四　宇宙

1. 精微层次

　　印度人相信，宇宙没有它的开始。它交替着出现又消失，仿佛有着完美的节律。它出现，持续一段时间，然后又消融。这些阶段即所谓成（Srishti）、住（Sthiti）和灭（Pralaya）。此三者形成完整的一环，它重复轮回无有止境。

　　我们几乎每天都经历类似的东西。就像我们在醒来和入睡状态切换，宇宙交替着出现又消失。对于深睡眠的个体意识来说，宇宙不再存在。这也是灭。只是，它仍为睡眠中的个体的知觉限制。这睡眠中的暂时的灭叫作每日经验的消融（nitya pralaya）。

　　现在，如果这个造物中的所有个体同时都陷入了睡眠，会发生什么呢？在那种情况下，没有人能确切意识到宇宙，它完全被遮蔽了。印度教认为这种情况的确存在。一切心意的总和是宇宙之心意，它由一个神掌管。他是最初诞生的那一个，拥有无限权能。《奥义书》用许多不同的名字称呼他，比如金胎、宇宙灵魂（Sutrātmā）、下梵（Aparabrahman）、大梵天（Mahadbrahman）、宇宙能量。他有时被提升到自在天的形式，被《往世书》叫作梵天。梵天集合了所有心意，当它陷入睡眠,"naimittika Pralaya"出现了,即暂时的消融。当他醒来,宇宙便呈现出来,这就是显现。显现和稳定阶段对应于梵天的白天;消融阶段对应于他的夜晚。①

当我们入睡时,究竟发生了什么?如果我们能够弄懂这一点,它就能帮助我们理解灭时所发生的事情。在深睡眠中,我们对任何名相的存在都没有意识;没有任何外部世界的痕迹,也不留我们自身的任何细节;没有行动,没有经验,没有思想,没有欲望。几乎是纯粹的空白。我们忘掉了一切,甚至我们的名字和外貌,我们的家和我们的公司。但是,一旦我们醒来,这一切都回到了我们的意识。刚才这么久它们都哪里去了?显然,在睡眠中,它们没有完全被破坏。印度教认为,所有思想、所有欲望都以微妙的印象(samskaras)潜在于心意中;不然,它们不会在醒来时重现。在睡眠中,它们某种程度上处于不显现(avyakta)的状态,睡眠结束时它们重又显现。

一棵树的特征潜在于一颗微小的种子里,它以某种看不见的能量的形式存在。正是这能量,它在树成长的过程中显现自身。这正是使树得以长成的原因。可以说,树居于种子之中,处于未显示的因果层(kārana)。就这样,在熟睡中,所有构成我们个体的思想、欲望、喜好、判断、记忆及其他一切,在因果层以不可见的能量的形式居于我们之中。事实上,我们的智性、心意和感觉都退回到因果层,这就是为什么它们停止作用,以及我们在熟睡中丧失了行动。这尚未显现的因果层即我们的因果身(kārana sharira),是我们的觉知在熟睡中从粗糙身与精微身撤退后的休止之处。

---

① 参见《薄伽梵歌》第8章,第17—19节。

我们的圣典就是这样解释睡眠现象的。当宇宙之智（Hiranyagarbha）陷入睡眠，同样的事情发生。一旦他的意识撤回到他的因果身，所有造物的心意，作为宇宙意识的部分，和他们经验的对象一起回到因果层。自然中的一切，粗糙或精微，都退回到没有显现的因果层，形成金胎的因果身。如此，当金胎的宇宙意识陷入睡眠，宇宙消融，即所谓暂时的消融；当它苏醒，显现（Srishti）开始了。它们就这样交替相续。[1]

类似的消融发生在一个轮回（即金胎的生命周期[2]）的末尾，那时，他完全脱离肉体，融入至尊梵。那时，自然中的一切都回到未显现的无限能量，即未显现状态或原质。这种由金胎解放带来的宇宙消融叫作"prākrita Pralaya"。在下一个轮回的开端，由于他在前一个轮回中获得的杰出的德行，另一个存在将以金胎的形式出现。[3]

然而，金胎，轮回中最先诞生的生灵，天生具有智慧、意志和行动的无限能量。其余的创造物都是他的作为。这就是为什么《往世书》称呼梵天为创造者。

梵天如何创造？他不曾从虚空中创造任何东西。他根据自己投射出宇宙（Brahmanda）。他成为宇宙。他成为任何他想成为的东西。他根据自己在冥想中发现的，在上一个轮回中发生的既定模式，开展他的意愿。根据冥想，他发现处于因果层的有待显现的一切。由于前

---

[1] 清醒与睡眠之周期，或创造与消融之周期（Hiranyagarbha's day），称为一个轮回（Kalpa）。

[2] 用他的度量，有一百年。他的一天相当于人类的 4 320 000 000 年。

[3] 有另一种消融。一旦证得至上梵的完全知识，宇宙和它的根本之因或称原始无明（Avidya）完全消失。这就是为什么把它叫作完全消融。在其他任何一种消融中，未显现的因果之身留存。

一个轮回的秩序以及显现的迫切,他开始从自己投射出粗糙或精微的万千物象,这纯粹由他的意愿决定。

如果把这个过程与我们在梦境中经历的对照来看,我们对它如何在宇宙意识的纯粹意志下发生会有一个大致的理解。谁在波动我们的梦?显然,是我们的心意。从何材料而来?显然,从心意自身而来。无论我们的心意渴望什么,它们在梦中得以完成。毋宁说,心意自身变成它们渴望的一切。在轻睡眠中,当心意从外部世界的把控中脱离,它展示出奇妙的力量,即把自己变成任何它美好心愿中的一切。确实,它打败了魔术师!

如果这对个体心意是可能的,那么宇宙心意也许能很好地根据自己的意愿编织出宇宙。正如我们在潜意识中编织梦境,梵天根据一个计划慎重地行事。当然,两者区别很大。但是,这两个现象却又极其相似。梵天志愿于他在冥想中发现的,梵天看见他所意愿的。我们的心灵,作为宇宙心灵的一部分,也是根据我们自己的心灵之限度去发现梵与认识梵的。

那么,梵天是如何出现的呢?谁创造了他?另外,作为个体生灵,他必须是具备肉身的灵魂,就像我们每一个人一样。那么,他的身体会是什么?他的灵性又是什么呢?

这些质问把我们带向更深的地带。最后两个问题也许可以解答前面的问题。宇宙心意是他的身体,神本身是他内在的灵性。

所有精微身的总和是他的身体。他包含三个同心的腔室或鞘(kosha),所谓觉性鞘(vijnānamaya kosha)、心意鞘(manomaya kosha)和气能鞘(prānamaya kosha)。气能鞘包括智性和精微五识(jnānendriya)。它具有知识的力量,是经验与行动主体的坐骑。心意鞘包括心意和精微五识，它被赋予了意志能量。气能鞘包括五大生命气（prānas）①和五大精微动觉（karmendriya），它被赋予了行动力。

构成金胎之身的所有鞘体，由五大精微的（sukshma）"bhutas"组成，无比精细，也被称为纯元体（tanmātras）。"bhuta"的字面意思是形成之物——它是区别于未显示之物的实体存在。"tanmātra"的意思是"那独个的"。因此，它象征着一种没有和其他东西混合的基本单元"bhutas"。

五大基本元素有：以太（ākāsha）、气（vāyu）、火（tejas）、水（ap）和地（kshiti）。这些不要和我们通常所说的以太、气、火、水和地混淆。纯元体比这些更精微，属于另外的秩序范畴。印度圣人的分析方法跟现代科学完全不同。

然而，这些纯元体不是从未显现状态直接产生。以太先出现，部分以太转变成气，部分气转变成火。从火有了水，从水有了地。

值得注意的一点是，未显现状态（纯元体从它浮现），根据它的三个不同成分——萨埵（sattwa）、罗阇（rajas）和答磨来说，被冠以三个特性。萨埵是自然中的显现法则，即为我们的觉知解蔽；罗阇带来一切变化，它是自然中的动态因素；答磨是愚昧与惰性的元素。这三大成分的印记在未显现状态的任何产物中都能被找到。甚至元素或者纯元体都有这个印记，据说每一个都有光明的（sāttwika）、活跃的（rājasika）和惰性的（tāmasika）的属性。

这五大基本元素——以太、气、火、水和地——的光明属性部分，分别建构精微五识，对应于耳朵、皮肤、眼睛、舌头和鼻子（shrotra,

---

① 据说，生命能量有五种，对应不同的生理机能。五大生命能量有：生命气（prāna）、下行气（apāna）、平行气（samāna）、上行气（udāna）和遍行气（vyāna）。

twak, chakshu, jihvā 和 nāsikā）。它们的光明属性共同组成了智性和心意。同样，元素的动态部分又形成五大精微动觉，它们共同组成五大生命能量。构成梵天身体的三大鞘，就是这样由纯元体的光明属性部分和活跃属性部分建构的。梵天拥有这样一个宇宙性的精微身，它含摄了一切存在生物的精微身。

2. 粗糙层次

纯元体的惰性部分在五唯（panchikarana）的特殊过程中与其他部分混合，形成所谓的粗糙元素。[①] 每一个粗糙元素都由五种纯元体或者精微元素以特定比例组成。比如，粗糙以太，在它的组成成分中，一半是精微的以太，其余四大精微元素每个占八分之一；粗糙的气有一半精微的气，其余四大精微元素每个占八分之一；等等。

这些粗糙元素组成了个体灵魂的肉身，以及它们在各种各样的世界（loka）中的居所，还有它们使用的物品。这些实体由粗糙元素（从粗糙、昏暗到精微、明亮不等）组成。然而，所有这一切在金胎的意志下发生。他似乎在压缩自己，也就是说，使自己作为可见的宇宙出现。经由这一过程，产生了另一个宇宙性的存在，即微拉（Virāt），整个物理宇宙是它的身体，神是它的灵魂。

正如我们所知，印度教认为：创造（Srishti）在时间上没有所谓的开始。每一次创造都来自消融，而每一次消融都来自创造，如此循环往复。为何会这样？印度教圣典宣称，在创造与消融中有一个因果

---

① 参见《吠檀多主旨》第7章。

链。业（karma）的无情铁律锻造了这个链条。根据印度教，这一律法是至高的因果律，它决定一切创造物及创造物之内的所有事物。上一个轮回的个体灵魂的行动、经验和欲望在消融过程中仍处于因果层。在创生过程中，一切个体生灵，始于金胎，并伴随着他们各自不同的居所和他们所需的食物、饮料等物质材料一起实现最后的创造。他们将根据自己上一个轮回或好或坏的业经历痛苦或欢乐。正因如此，他们到来，并被无数经验之物包围。所以，在消融中蕴含着宇宙萌芽的种子，宇宙显现就像种子长成大树。正如树木由种子长成，种子由树木产生，同样的，创造来自消融，消融来自创造。

个体生灵掌控这个舞台的中央。他们通过经验（bhoga）收获行为的果实。因此，整个宇宙得以存在。由此，经验分解为两个组成部分，分别叫作经验的主体（bhoktā）和客体（bhogya）。个体生灵属于前一部分，其余都属于后一部分。从这个视角，宇宙分为两类实体（Bhoktri-bhogya lakshana），即有知觉的和无知觉的这两类。

个体生灵经验这个世界需要凭借知识感官，即众多感知器官来完成。每一个感官都向它们传达了经验世界的特殊的一面，这就叫作它的"感知对象"（vishaya）。五大知识感官，即耳、皮肤、眼、舌和鼻，而声、触、色、味和嗅分别作为它们各自的感知对象。这五大类感官知觉就是个体生灵关于外部世界的所有联系。实际上，这些组成了它们的整个外部经验世界。

现在，只有当感官受到外部世界的刺激时，感官知觉才起作用。比如明亮的光波刺激眼睛，使其产生关于颜色（rupa）的感觉。因此，根据这一观点，外部世界只由这样的感官刺激组成。

粗糙的以太只激起声音的感知；气激起声、触的感知；火激起声、触、色的感知;水激起声、触、色、味(rasa)的感知;地激起包括嗅觉在内的五大感觉。我们注意到,在这一系列中,后一个元素能激起前一个元素的感知对象之外的另一个感觉。这个另外的感觉被称为该元素的特殊性能(guna)。因此,声觉是以太的特殊性能;触觉是气的特殊性能;色觉是火的特殊性能;味觉是水的特殊性能;嗅觉是地的特殊性能。

这些粗糙的元素因此被称为感官刺激的不同类别。它们有着能量而非物质的属性。虽然,它们的名字让人想起物理实体,比如以太、空气、火、水和土,但它们仅仅是"无限宇宙能量"(Prakriti)的模式。我们所谓的物理实体,对于印度教徒来说不过是识破不同宇宙能量而得的终极实相(Parabrahman)。从这个观点来看,物理存在完全是非物质性的。物质外观具有迷惑性。

因此,在善于分析的印度教先知们的眼中,整个宇宙得以分解为经验主体和经验客体,对外部客观事物的经验分为五大类感官知觉(vishaya),外部世界分为五大感官刺激,即所谓粗糙(sthula)元素。所以这一分析纯粹是心理上的,而非物理上的。甚至粗糙元素也不能和现代科学的元素相混淆,后者被人们设定为物理世界的物质单元。粗糙元素属于完全不同的范畴。它们是更加精微的感官刺激,这是它们全部意义之所在。

即使粗糙元素被认为不过是像以太、空气那样的物理实体,以下关于支持物理世界分类的解释也许值得深思。

每一个名字可能指示和代表着一组同类对象。比如地,可以代表所有固体;水代表所有液体;气代表所有气体。因此,这三者涵盖了处于三种不同状态,即固态、液体、气态的所有物质。火可以代表热与可见光的现象①；以太代表弥漫的精微媒介，光波等经它传播。难道这五大类实体没有涵盖被我们的五大感官感知的全部物理存在吗？事实上，这分类已非常完善。

另一方面，科学家将世界分为元素及其原子，这已经没有意义。原子不再是物质的最终成分。它们已经被分解为能量单位（电子、质子等）。物理学家的分析方法穿透了物质的欺骗性的外观。物质已经丧失了物质形态。值得注意的是，现代科学的这一发现可能进一步证实了印度教的自然观。

我们已经知道，不同的粗糙元素刺激不同的感知群。就空气、火、水和地而言，它们每一个都有对应的感知群，相当有序。但是，以太如何引起声音的感知呢？科学家们的以太不在我们任何感官所能触及的范围之内，它几乎是想象之物，它是辐射能波的传输媒介。按照科学家的观点，声音只通过固体、液体和气体的震动产生，声音刺激必须经由上述三类物质性媒介才能通过并抵达空气。实验证明：在声音感知的途中有着一段真空。想象的以太处于真空之中，但是声音被切断。以太无助于声音的传播。因此，以太怎么会被认为是声觉的来源呢？

声觉是被固体、液体、气体刺激，并经由它们传导，印度教圣典并不否认这一点，因为这些固体、液体和气体作为以太的变体，还保留着以太的性能。目前为止，他们的发现与现代科学的发现一致。以太只是他们持有的一个不同主张。稍做审视便可发现他们对以太的看

---

① 火代表作为感知对象的热与可见光的现象，而非热能与光能。一切物理的、化学的、生物的能量形式在印度教徒看来只是能量的变形，而能量是无限的宇宙能量的显现。

法并不悖于现代科学的观点,只是呈现了关于它的更多的知识。

一般我们能听到的声音,是由粗糙物质产生并传播的[1],它可以被称为粗糙之声。印度教徒认为还有一种极其精微之声,它不为凡耳所闻。因此,根据印度教的观点,就粗糙之声而言,真空(包含以太)会阻碍声音的传播。

印度教先知根据特定的经验数据得出这样的结论:以太激发一种极精微的声音觉知。在深入的冥想状态中,人们能听到一种叫作"心轮之声"(anāhata dhwani)的声音。这种声音非常精微,人们在心情非常平静与注意力集中时能够听到它。它与粗糙物质的波动无关。产生心轮之声的刺激物一直存在,每当注意力高度集中,它总能被敏感、精细的听觉(shrotra)捕获。借以触发觉察的,唯一可能的媒介是以太[2]。希腊神话中关于天体音乐的描述可能就建立在类似的经验之上。逻各斯的理念,即印度人所谓"Sphota",在创造之初也指向最精微的能量,无所不在的媒介以太是这种声音的来源与传导者。因为在该阶段不存在粗糙物质。

再者,从以太到地球的进化次序与科学的发现也毫不相悖。宇宙的演化,根据目前科学之所能及,从星云开始,它是放射热与光的气态物质。因此,根据印度教理论,科学家的出发之地已是空气与火并存之状态。

科学家认为星球的形成开始于星云团这一混沌状态的分离,继而

---

[1] 可能是组成气体、液体或固体的以太在任何情况下都能产生声音;当它被粗糙成分充满,它就能被凡耳听见。

[2] Akasha-vani 这一现象(来自天界的声音),也叫 "daiva vani(天籁)"或 "asharirini vani(灵魂之声)",是另一个例子。

是分散物质的逐渐凝聚。值得注意的是，气体首先凝结成液体，然后凝结成固体。这个次序也是印度教进化理念所认同的。

印度教经典把以太作为最初显现的物理实体。从以太产生了气体，从气体产生了热与光的现象（agni）。这部分显然属于科学所未能明言的创造的前星云状态。问题是：在星云产生之前，是气态物质产生了热与光，还是正相反呢？以太能很好地进化为粗糙的气态物质，再通过摩擦，这些气态物质产生了热与光。这与理性并不相悖，看起来很有可能。

值得注意的是，正如粗糙以太是最先显现的物理实体，粗糙能量是最初显现的物理能量。正是这种能量作用于以太产生了气态物质，它作用于气态物质则产生了火。以此类推，产生了整个物质宇宙。在能量的作用下，以太这种精细、同质的物质可能进化成粗糙的由分子组成的气态物质。然后，能量作用于气态物质，它们发生运动，产生了热与光的现象。因此，热与光的现象由气态物质进化而来的观点并不荒谬。

再者，我们也应注意，粗糙元素由纯元体的惰性成分组成。作为物质性存在的基础，粗糙元素由内在的惰性原则支配。这个创始观看起来相当合理。原质（Prakriti）能量在惰性原则支配下呈现出惰性物质的模样。难道这不符合科学家关于原子作为"放射能量贮所"的观点吗？

同样值得注意的是，印度先知关于我们所谓进化有着清晰的概念。《瑜伽经》（*Yoga Sutras*）作者帕坦伽利称之为"jatyantara-parināma"，即物种间的转化。关于进化的原因，他们有着明确的看法，而现代科学仍在摸索之中。他们认为，对于一个种属来说，它所能进化的任何产物都已蕴含在它本身之内。它已然存在于该种属的因果层（prakriti），每当环境提供了一个出口，它就流溢而出，以新的形式显现①。被高地阻挡的流水，仅仅是打开合适的出口，它就能够灌溉更低处的土地。这是培育者的功劳。②现在大家认为可能是合适的环境打开了让物种潜在能量（prakriti）奔流而出的口子，似乎是形成了新形式，产生了新物种。③

印度教认为显现由未显现状态而来，由梵天产生至粗至细之物的整个过程，是一个进化过程；而进化的发生，得益于消融阶段的退化过程④。需要指出的是，根据印度教理论，处在进化背后的神圣意志是其终极之因。

3. 因果层次

我们已经知道始于以太纯元体（ākāsha tanmātras）的显现由未显现状态而来，就像小嫩芽从种子里长出。未显现状态是转变为以太的物质吗？不，以太来自能量的本质。神是唯一的实在，而唯一的实体和原质（Avyakta 或 Prakriti）是神的能量。

他在消融状态中，没有名相，没有时空，没有因果，但他也不是完全虚空。因为"终极的一"伴着自身的神秘力量⑤独立存在。在显

---

① 参见《瑜伽经》第4章，第2节，梵文为"Jatyantaraparinamah prakrityapurat"。
② 参见《瑜伽经》第4章，第3节。
③ 参见《辨喜全集》第5版，第1部分，第291—293页。
④ 譬如退回种子状态。
⑤ 参见《梨俱吠陀》第10章，第129节，第1—2句。

现之前，一切只是纯然的存在，独一无二。① 他想："我能成为多吗？我能把自己显示为多吗？"② 他发愿："让我来投射出这些世界吧！"然后，他生成了这些世界。③

神（Ishwara）自己发愿，经由他的神秘力量，从自己投射出宇宙。未显现状态内存在着产生无穷自然形式的潜能，但是在每一形式背后，神是唯一的实在。然而，未显现状态作为他的力量，他同时是宇宙的动力因与质料因。这就是印度教的主要信条——吠檀多的观点。但是，数论派（Sāmkhya）、正理派（Nyāya）、胜论派（Vaisheshika）、锡克教（Chārvāka）、佛教（Bauddha）、耆那教（Jaina）有着不同的创世理论。各个印度教派如今或多或少接受了吠檀多的观点。

然而，作为宇宙的动力因与质料因，神秉着他自己的意愿，经由他的神秘力量成为这一切。他最初作为以太出现，然后进一步呈现为气态形式，这过程一直持续到他把自己显现为金胎；通过金胎，他继续把自己显现为粗糙的和精微的无数世界，以及其有知觉的和无知觉的丰富多样的内容。所以每一物质，粗糙的或精微的，有知觉的或无知觉的，从梵天到草叶，从梵界到这个地球——一切都是装扮后的神，而这身装束便是经他的神秘力量从他自己投射出的特定的名相。

他果真变成了这一切吗？有些吠檀多主义者（Vedāntists）说："是的。"就像所有的陶罐都是泥做的，所有的金饰品都是金做的，所有的不锈钢用具都是铁做的，宇宙的不同内容也是以神为原料做的。

---

① 参见《歌者奥义书》第6章，第2节，第1句。
② 参见《歌者奥义书》第6章，第2节，第3句；另见《鹧鸪氏奥义书》第2章第6节。
③ 参见《爱达罗氏奥义书》第1章，第1节，第1—2句。

正如泡沫、涟漪与波浪是海水的变幻形式（pariṇāma），一切都是神的变幻形式。根据这一派，神根据自己的意愿，他自己一点点变成了这个宇宙，作为超灵从内部统治它。这就是"限制性-非二元论"（Vishishtādvaita）派坚信灵的所谓"转变说"（Pariṇāmavāda）。当下所有的虔信（Bhakti）教派，特别是毗湿奴派之类，或多或少持有这一观点。

另一面，吠檀多的不二论派则认为：这不是真实的转变。梵是不变的，他是永恒不朽的。宇宙不是一个真实的产物，只是表象之物（vivarta）。他只是呈现出这一切。他借以显现的不同事物的所有的名相都是虚幻的。他们没有绝对的存在。在幻觉中，我们把绳子当作蛇，绳子本身不受我们视觉的任何影响。同样，梵不会受我们对宇宙的幻视的丁点影响。只有在类似于催眠的状态中，我们才能看见宇宙；在无伺三摩地中，当（无明的）诅咒停止，一切都融入不变的梵，就像一把盐融于海水，失去了自己的特性。

这些名相是由神的神秘力量——未显现状态、原质、摩耶幻化出的。这力量有着无明的性质。它有两个部分，"遮蔽的力量"（avarani shakti）和"投射的力量"（vikshepa shakti）。前者隐藏实相，后者通过幻化的名相使他呈现为有别于他自身的东西。内在于它的这种神秘力量，包括投射宇宙无限形式的能力。就像一粒微小的种子，内含一棵繁茂的菩提树（ashwattha）。正是在这未显现状态，于消融之时还潜藏着前一个轮回里的个体灵魂的所有欲望、经验和行动的结果。而这些决定了下一个轮回里未显现状态将投射的形象。

如此，根据这个宗派，宇宙只有相对的存在（vyāvahārika），不是绝对的。只有当我们处于无明的诅咒中，它才存在。一旦人们走出了这个诅咒，获得了终极实相的圆满知识——与它合一，宇宙就不再存在。这一真理在圣典那里得以宣扬，被先知的体悟证实。就像梦里看见的事物在人们醒来的瞬间消失无踪，变得毫无意义，同样，当一个人发现了真实之自性，宇宙以及它的内容都将消失。那时，人完全觉悟（prabuddha）到什么是真正存在的绝对者。与此相比，宇宙不过是一个梦。

只要人们还在梦中，他所见的梦中之物就是强烈真实的。同样，对于无明诅咒中的人，宇宙及其一切内容也是强烈真实的。然而，在觉悟绝对实相的瞬间，这一切都没有了价值，没有了意义，并且不复存在。因此，宇宙只是表相，虚幻的相对的感觉，在绝对的感觉中并不存在。这就像把绳子看成了蛇，在沙漠中看见了海市蜃楼，在梦中看见的风景。

因此，梵的一切名相都是虚幻的；幻化这些名相的东西也是虚幻的。就像宇宙和投射出宇宙的力量，既非绝对存在也非不存在。它是莫可名状之物（Sadasadanirvachaniyarupā）。在如此不可思议之力量的帮助之下，宇宙诞生了。由谁诞生？自在天，即摩耶的全知全能的主。他是魔法师；摩耶是他的魔咒；宇宙是他以自己作为唯一的实质的背景而投射的幻象。

影院屏幕上看到的各种各样的东西是什么材料做的呢？它们都是光做成的。我们在屏幕上看见的水、火、土、植物、发动机、有生之物以及所有一切都是光，只是光。光影变幻，而光的缺席，就形成了整个幻象。胶片背后放映机里的灯是无形的光亮的发出者。如果没有胶片，除了均匀的被照亮的屏幕，我们什么也看不见，就像胶片被移除时，我们所看到的那样。胶片不允许光的畅然通过；它允许部分光通过,却挡住了其余的光。胶片的这一干扰形成了阴影;由于这些阴影的限制,屏幕上的光呈现出无数变化的物象。另外,值得注意的是,屏幕上图片运动的幻象并非由于光的运动。它完全由根据胶片运动而来的阴影的重组产生。当胶片移动,光的通路以新的方式被干扰。光是稳定的,阴影时时刻刻变幻着。这就是产生屏幕上虚幻的运动景象的真相。

宇宙幻象几乎就是这样制造出来的。神就像放映机里的灯光,摩耶就像移动的胶片。神通过摩耶无穷变幻的名相的阴影,以不同形式具象地显现,即使他实际上并没有做任何改变。在影院中,如果屏幕本身只有光亮,并且如果它自身具有根据阴影变幻自己的力量,那么类比就完整了。神以自己为背景墙,凭借他的力量摩耶,把宇宙的幻象投射到背景墙上。摩耶隐藏了他的实相,通过无限变幻的名相的阴影,让他显现为宇宙。这些名相和屏幕上的阴影一样无实体。

让我们更进一步地延伸这一类比。如果有观众想要追踪屏幕上虚幻景象的来源,他会怎么做?他肯定要背向景象,朝向投影机。这样做,他会认识到胶片和背后的灯的共同作用是幻象的真相。无数先知也是这样,他们背向虚幻的宇宙,追踪它的真相是全知全能的至上神(Parameshwara)以及他的神秘力量摩耶。

更进一步,当摩耶随着她无穷变幻的名相的阴影消失,除了无名无形无属性的存在,不再有任何东西。这是至高者,唯一的绝对实相,独一无二者;当它和摩耶联结,它以至上神出现。也就是说,只要我们还处于无明中,并因此看见宇宙,那么绝对实相以至上神出现,他具有神秘力量摩耶,投射、导演、控制宇宙之幻象。

简而言之,这就是吠檀多不二论(Advaita)派对创世(Srsti)的解释。用梦与幻象的类比解释了梵的变与不变。但是，表达梵的神秘力量摩耶被认为既非真实又非不真实，它是难以定义的。这完全不可理解。我们永远也不能理解这样一个矛盾体，就像我们不能设想梵同时是变化的又是不变的。要使悖论合理化，我们不需要其他援助吗？难道创世的神秘依然没有超出我们的理解范围？

是的，由于事物的本性使然，它注定永远如此。渴望显现的神性冲动，以及迈向它的第一步，必定永远处于神秘。这些不属于自然现象的秩序范围内；因为在那个阶段，没有时间，没有空间，没有起因。它们尚未形成。关于它们"为什么"或者"怎么样"的问题不可能生起。绝对者超越了我们的理性与言谈；因此他也必然是显现的第一因。

《梨俱吠陀》说到神秘的显现状态的不可思议的本性："谁知晓一切呢，谁能精确地描述这纷杂的造化是从哪里出来的呢？甚至众神也晚于显现状态出现，谁知道它是从哪里来的呢？"[①]确实没有。神秉着自己的意志从他自己投射出这一切，这一事实由印度教圣典揭示并被先知们亲证。纯粹的推理不能引导我们到达任何地方，因为真相超越我们所能理解的范围。我们的思虑可能卡在"永恒不变的唯一者成为永恒变化着的多样性的宇宙"这个观点上。但是它就是这样。我们必须接受这个现实。它不可能被人类逻辑解释。创造的缘由与情状不可能被人类智力探究到。斯瓦米·维韦卡南达说，呈现对立面以挫败我们理解力的正是摩耶。神可以保持永远圆满、不变，现在他也能根据自己的意愿诞生、维系、毁灭宇宙。这是他不可思议的本性

---

① 参见《梨俱吠陀》第10章，第129节，第6句。

(Prakriti)。这是他的神秘力量。我们不必为那些"为什么"或"怎么样"而自寻烦恼。

然而,创造的真相可能随着抵达神而被证得。通过觉悟神,一切造化都被知晓,一切谜底都被解开。印度教不同宗教思想体系其共同目标皆是带领他们的信徒走向觉悟。他们秉持的关于超越语言的神秘显现的不同版本正与他们抵达觉悟的不同道路相适。然而,在关于吸引对神的觉悟具有特殊品位和理解能力的一部分人类而言,每一个版本都有其实用价值。从这个方面来说,没有哪个是错误的或者是没用的。

十五　个体灵魂

1. 生物

在之前的话题中,我们多次遇见"jiva"一词。我们对于它的意思已经有所领会。现在,让我们更深入细致地理解它。

"jiva"的字面意思,是生命,或生物。广义来说,自然中一切有生命的东西都可称为"jiva"。而印度人关于作为生物居所的自然的概念是相当广泛的。有无数或粗糙或精微的世界,供"jivas"居住。因此,"jiva"可能是一只变形虫、一株植物、一只动物、一个人或者一位神。甚至我们已经提到过的至高的神明金胎也是"jiva"。关于造物中的"jivas",印度教圣典采用的一个通常的表达是"从梵天到草丛"[①]。的确,包含无数世界的"Brahmānda"被设想为无穷无尽的各种生物的住所。

"jivas"可能是会移动的(chara),或者是不会移动的(achara)。根据印度教圣人(rishis)的发现,每一个"jiva",无论会移动还是不会移动,植物[②]、动物或者神,都是有知觉的。有生命者必有意识。

---

① 梵文为"A-brahma-stamba-paryantam"。
② 梵文为"Antahsamjna bhavantyete sukhaduhkhasamanwitah"。

一株植物与一只动物的区别在于它们所含意识的等级。每一个"jiva"都是有意识的实体，都有痛苦与快乐的觉受。它是体验（bhoktā）与行动（kartā）的主体。这些是"jiva"的突出特点，宇宙的整个机制跟这些高度相关。

我们看到它的行动是如何在业的铁律下与它的经历联系在一起的。无论一个生物体验的痛苦或快乐的经历，这确实是它上辈子某些行为的结果。它们为了收获自己行为的果实，一次次地降生。甚至在消融中，生物也以隐藏的形式潜伏其中；因为它们过去的行为结了果，新的生（Srsti）开始了，宇宙显现了。它们真正占据了舞台的中央；自然中的一切事物都是为了它们的行动与体验而存在。

不同生物，不仅仅是名相的不同，也存在知行力量的差异。他们中的至高者，叫作金胎，他拥有无限的能量，而变形虫所拥有的能量极其微弱。就这种力量而言，即使知行能量有限的人类，与变形虫比起来好像也有着无限的优越性。在这个地球上，人与变形虫之间不可跨越的鸿沟需要无数各种各样的生物来填补。相似的，在人与"金胎"之间的鸿沟也是不可度量的，它极有可能需要被无数各种各样的生物填补。印度教圣典坚信这一点。有无数超人类生物存在于这个世界之外。

这绝非谬说。圣典的发现建立在事实的觉察之上。我们平常不能看见这些存在，这并不能成为他们不存在的证据。我们看不见微生物，但是微生物不是虚构之物，因为我们能在显微镜下看见它。同样，我们通过瑜伽哲学的视角，也能看见这些超人类的存在。就像我们需要努力准备好显微镜，我们也要努力发展瑜伽士的强大的清澈的视力。这些生命存在的事实有赖于这样的观察才能发现，无有虚构。

这些介于人与梵天的生物，居住于此世界之外的不同世界中。每一个世界的居住者，他们自己形成一类，有着一个共同的名字。印度教圣典中提到了几类：药叉（Yaksha）、萨蒂亚（Sādhya）、金纳拉（Kinnara）、甘达瓦（Gandharva）、德瓦（Deva）。圣典还进一步对他们（特别对后面两者[①]）加以细分，每一个都具有属于自己的一个世界。然而，貌似这个超人类生物的名单只是选择性的，并不详尽。

对照"jivas"居住的诸世界的名单，应该是这样的。这个世界"Prithivi"（即地球），据说处于中间。在它之上以及在它之下，据说还存在着许多其他世界。大宇宙包含三个疆域，高处的、中间的以及下方的，分别称为斯瓦嘎（Swarga）、玛塔（Martta）和帕塔拉（Patala），统称为"三个世界"（Tribhuvana）。然而，一份更详细的名单说到了十四个世界（chaturdashabhuvanāni）。据说此世界以上还有七个，即布居（Bjuh）、布瓦（Bhuvah）、斯瓦（Swar）、加纳（Jana）、马哈（Maha）、塔帕（Tapas）和萨蒂亚；此世界以下还有七个，即阿塔拉（Atala）、维塔拉（Vitala）、苏塔拉（Sutala）、拉萨塔拉（Rasātala）、塔拉塔拉（Talātala）、马哈塔拉（Mahātala）和帕塔拉（Pātāla）[②]。有一部《奥义书》称上面的七个世界为阿耆尼世界（Agniloka）、伐由世界（Vāyuloka）、伐楼那世界（Varunaloka）、阿底提耶世界（Ādityaloka）、因陀罗世界（Indraloka）、普拉伽帕蒂世界（Prajāpatiloka）和梵界。[③]这可能跟之前名单上说及的上面的世界不相符，但是说到了另一些更遥远的世界。无论如何，这两份名单上

---

① 参见《鹧鸪氏奥义书》第2章，第8节。
② 参见《吠檀多精髓》第104页。
③ 参见《考施塔奇奥义书》第1章，第3节。

最高的世界真理界（Satyaloka）和梵界是同一个。然而，有些时候，高层的世界集合为三个名目：祖灵界、天神界和梵界。没有一个名单看起来是完整的。每一个都暗示了大宇宙下许多细分世界的存在，名单只是提及了其中突出的几个。

在这一点上，需要说到另一个印度教思想。据说每一个世界都有一个主管的神（adhishthātri-devatā），他们常常以"devāta"命名。在第二份名单中的七个高层世界之名暗示了它们分别在火神阿耆尼、风神伐由、水神伐楼那（Varuna）、阿底提耶（Aditya）、因陀罗、普拉伽帕蒂（Prajāpati）和梵天的主持之下。其他世界也一样，都在各自的神的主持之下。

根据印度教思想，意识是弥漫整个宇宙的永恒的真实。显现于内心的微妙机制是内在不同意识层次（antahkarana），它由精微元素合成。它无所不在，它不是别的，正是第一宇宙生命金胎的身体。粗糙的物理机制，是行动得以完成的凭借，它也是微拉的身体能起作用的全部依附，弥漫于整个物理宇宙。

神最初呈现为金胎，接着是微拉（宇宙存在），然后他把自己分化为其他不同的神，再细分为其他所有生命。这就是神如何随其摩耶化为众生的过程。每一个生命只是微拉的一部分，带着它自己明显的个体意识。就像无数细胞存活于人的肉体，无数生命遍居于微拉的身体。这是印度教徒们的大胆设想。事实上，意识、生命与心灵的微妙机制，以及行动的粗糙物理机制，三者无所不在，自然的任何部分无疑都包含了这三部分，这是生命出现的必备条件。

2. 灵魂

生物是有意识因素与无意识因素的复合。圣典指出的生物中的知觉原则专指个体灵魂。

灵魂不同于头脑、感觉器官和肉体，它是生物的实质部分。它是房屋的主人，是战车上的驭车人①，是自性的光辉（antarjyotih）②。意识是它的精髓。唯独它便构成生物的知觉原则。因此，它是个体灵魂自身（jiva per se）。

灵魂存在于三个身体中，从最粗糙到最精微排序——物理的、精微的和因果的（kārana），物理身是由粗糙元素构成的，精微身是由纯元体或者精微元素构成的。这就是为什么它们被称为"元素构成体"（bhautikas），即它们是元素构成的。因果身是未显现的宇宙能量（Avyakta）的微小部分。"bhutas"和"bhautikas"只是未显现的宇宙能量的显现模式。未显现状态没有知觉。因此，所有这三个身体——物理的身体、精微的身体和因果的身体都没有意识形态。

可以说，因果身在其种子阶段就蕴藏着造物自身的所有特征和趋势（samskāras）。就像种子是树之因，因果身之于造物的生命也是如此。这就是为什么要称它为因果身。

正如我们在前面的章节里谈论的，精微身包含三部分：觉性鞘、心意鞘和气能鞘。它们分别对应于知识、思考与活力的作用。第一个包含了智性和五大知识感官，第二个包含了心意和五大知识感官，第三个包含了五大生命能量和五大行动器官。它们都是个体灵魂可使用

---

① 参见《卡塔奥义书》第1章，第3节，第3句。
② 参见《大林间奥义书》第4章，第3节，第7句。

的知行的微妙工具。

物理身是个体灵魂建立的，取决于它在之前轮回中的行动与获得的知识。这就是它有别于精微身——所谓"工具"（karana），而被叫作"作用"（kārya）的原因。两者的结合即所谓"果—因—联结"（kārya-karana-samghāta）。无论如何，身体建构的工具主要是"主要生命能量"，它虽然通常根据不同的功用分为五类，其实是同一种能量。生命能量由个体灵魂根据前面轮回中累积在心意中的印记来支配。用来建构物理身的材料是来自世界的食物，在世界中个体灵魂有了时间性。通过这个粗糙的物理身体和器官，个体灵魂与物理宇宙相联系，同时做出行动与回应。

这三个容纳灵魂的身体都是没有生命的。唯独灵魂有意识。圣典说它是光芒四射的无限的存在，它独自运动。[1] 它有别于"bhutas"（元素）和"bhautikas"（由元素构成的）那样的被创造的实体。神自己作为造物的灵魂出现。圣典宣称："神创造了宇宙中存在的一切。自他创造了这些，他真正地进入了这些。"[2] 据说，自诞生了或庞大或微小的一切造物的无生命的因果身、精微身与肉身，神就进入了他们，成为他们的灵魂。在《薄伽梵歌》中，神说："正是我的一部分，成为这个世界上生物的灵魂。"[3] 这就是我们说灵魂是无生无灭、永恒不变的原因。[4] "灵魂"正是梵（至高的自性），除此它什么也不是。"这伟大的灵魂（Ātman），它不受制于出生、衰弱与死亡，它是无所

---

[1] 参见《大林间奥义书》第4章，第3节，第11句。
[2] 参见《鹧鸪氏奥义书》第2章，第6节。
[3] 参见《薄伽梵歌》第15章，第7节。
[4] 参见《卡塔奥义书》第1章，第2节，第18句。

畏惧的永恒的梵。"①

通过圣典所有这些陈述，吠檀多的"限制性-非二元论"派总结道：灵魂可以说是神的真实的、永远独特的部分。就像火星属于火焰，灵魂属于自在天。它的本性是神。只是，它是全知、全能、无所不在的神的极其微小的部分。恶劣的行动导致它变得不纯洁，并受到污染。它本来的神性一时被抑制。但是，通过合适的灵性修炼，它将逐渐得到净化，直至完全显现本来的神性。那时，它能自由地与神同享永恒的喜乐。这差不多就是虔信派关于灵魂及其束缚与解放的思想。

然而，吠檀多的不二论派却有着不同的看法。他们宣称：虽然个体的灵魂看起来是伟大的唯一者的一部分，它和周边的"不朽的无所畏惧的梵"完全一样。所有的《奥义书》都讲授生灵和梵的这个特性。这就是为什么通过如实地了解阿特曼（Ātman），人们就能获得解脱。只要个体灵魂还在无明中，认为自己是有别于神的微小个体，是宇宙的另一部分，它就处于束缚之中。经过合适的灵性修炼，当它把自己认同为至高的自性（paramātman），只有在那时，它才从轮回中解脱。因此，圣典告诫道："要亲证阿特曼；要听闻它、沉思它、冥想它。"②

灵魂即是伟大的唯一者，只有他永恒地呈现为存在、觉知与喜乐的无限海洋。从未显现状态发展来的一切只有相对的存在，只有当无明的诅咒存在时，它们才存在。一旦证悟自性的知识，它们就会像梦一样消失。只要它们看起来是存在的，它们只作为无穷级数的物质

---

① 参见《大林间奥义书》第4章，第4节，第25句。
② 参见《大林间奥义书》第2章，第4节，第5句。

媒介起作用，通过这些精微或粗糙的媒介，同样的宇宙精神呈现为无数独特的灵魂个体。每一种媒介，根据自身的结构，使这无限的、无形的唯一实相呈现为一个有限的、有色的外观。所以这些媒介被叫作"upādhis"，即受限的附属物。

未显现状态整个地作为"受限的附属物"，伟大的唯一者呈现为自在天，全知全能的创造、维系、毁灭之主。根据自在天的意志与命令，"未显现状态"抛出精微的"附属物"（在消融其间，"附属物"潜在于"未显现状态"中），神通过这些过程呈现为独特的灵魂个体。

借助宇宙之智（samashti buddhi）的面纱（upādhis），神呈现为金胎；借助个体智性（vyashti buddhi）的面纱，他呈现为其他任何存在。就像通过各种不同的有色眼镜观看，同一个太阳可以呈现为不同的相，同一个神通过个体智性的不同面纱，呈现无数独特的灵魂个体。

智性是知识与行动的最精妙的实质性工具。它占据精微身的觉性鞘中。据称，觉性鞘位于被心（hridaya）覆盖的区域，其大小有如成人的拇指，外观像是物理之身。

虽然智性自身是无意识的，但它能被神遍在的意识照亮。就像月亮因为太阳而变得明亮，好似一个独立的发光体，智性因为神遍在的意识的光照下，似乎成了一个有着自我意识的独特的知觉个体。意识的来源只能是神自己。智性只能在借来的知觉中闪耀，好似它抓住了神的反射影像。

影像只是光反射引起的幻觉。原始光源的副本在反射媒介上被看见，这就叫作影像。比如水面反射了太阳光，改变了光线进程的方向。这让我们误以为光线是直接从水里射出的。我们朝向水面看见了太阳的副本。我们称这个虚幻的太阳副本为影像。智性中神的影像就类似这样虚幻的现象。

梵是无所不在、永远稳定、绝对不变的意识。智性全然没有知觉，它只是反映了一部分神的意识。这让我们误以为智性自身有着独特的微小的意识来源。这智性中虚幻的微小的意识来源，据说是神的影像。圣典宣称，它事实上只有原子大小。[1] 无限的神的确没有把自己分解为无数原子般大小的灵魂，也没有把自己分散在每一个生物的觉性鞘中。他只是通过独特的个体智性显现为无数微小的独特的灵魂，就像同一个太阳在不同的水面显现出许多个太阳的倒影。

生物结构中唯一的意识源泉正是这神的影像，这借来的智性之意识。它是个体灵魂，是灵魂自身。造物的自我意识直接所指的正是这神的影像。当一个人说"我"的时候，他指的正是神的影像。这是阿特曼："无限的唯一者，他利用居于心中的智性进行自我辨认，作为感官中心的自我发光的实体。"[2]

除智性以外，造物结构中的一切东西都是他的工具。它们自身都是没有意识的。正是由于它们与灵魂的接触，它们才像是有意识的实体一样闪耀。就像把一片铁放入火中，它变得火红，开始放射热与光，看起来就像火一样。智性、头脑、感官甚至肉体也一样，因为与灵魂的联结，它们看起来就像有意识的实体。

当这些工具被灵魂的觉知照亮，它们开始发挥作用。智性，这最精微的内在工具（antahkarana），它最先被无所不在的神的意识照亮。这就是为什么我们说它身上有着神的影像。然而，当这样被照亮时，

---

[1] 原文为"Esho' nuratma"。参见《蒙查羯奥义书》第3章，第1节，第9句。
[2] 参见《大林间奥义书》第4章，第3节，第7句。

它开始作为行动与经验的主体发挥作用。但是在错觉中，好像是被智性反映的意识本身在运作着。就像太阳纹丝不动，它在水面的倒影却在随波舞蹈。同样，虽然梵作为无所不在的意识永恒不动，但是它在智性中的虚幻的影像，也就是个体灵魂，看起来却像跟着智性在移动着、运作着，事实上这样做的是智性。梵没有行动，也没有经验。行动和经验的错觉是因为智性的幻象的辨识作用。这就是为什么灵魂被描述成觉性（vijnānamaya）。作为觉知的灵魂本身就是神，神赋予智性生命力，并站在一旁，作为一切事物的永恒的目击者，无论醒时、梦时，还是深睡眠之时。

因此，在同样的身体里似乎有两个实体，智性被灵魂赋予生命力并被指认为灵魂，作为行动与经验的主体；还有纯粹的灵魂，作为旁观者。《奥义书》用美丽的意象描述这两者——行动与经验的自我（jiva）和旁的自我。他们被表现为歇在同一棵树上的一对彼此紧密相连的同名鸟，一只鸟吃着可口的果实，一只鸟仅仅是看着这一切。[①]他们也被描述为寓居于同一智性中的黑暗与光明。[②]

然而，与智性相一致的灵魂是"jiva"。就像树上活跃的鸟，他或痛苦或快乐地品尝着他自己行为的或苦涩或甜美的果实。他赋予其余的内在工具——心意、生命能量、知与行的精微器官以及整个肉身以生命力。

一个人的灵魂借助肉身和感官接触外部世界。它受欲望的驱使而做出各种或好或坏的行动，因此有功（punya）也有过（pāpa），这

[①] 参见《蒙查羯奥义书》第3章，第1节，第1句；另见《白骡氏奥义书》第4章，第6节。
[②] 参见《卡塔奥义书》第1章，第3节，第1句。

些必定会在之后的轮回中以快乐和痛苦的形式返回它。因此，轮回中的生命继续被延长，拖着灵魂反复降生。每一个没有初始的"jiva"如此相续至今，只要智性还认其身上的神的影像为个体灵魂，今后也将如此继续。只有当自性的知识彰显，智性才会消失，在这之前，"jiva"必定不断经历轮回。这就是为什么它光明的本质特性被说成是神，而它却被说成是黑暗。这也是为什么肉体和感官（它们使"jiva"与外部世界相接触，并服从于行动和行动结果）被圣典描述成恶魔（pāpmānah）①，并以死亡（mrityo rupāni）的形式出现②。

然而，身体与感官只有在醒着时才会有活力。在这一状态，灵魂才与外部世界联系。因此，这种状态的"jiva"呈现出独特的一面。那时，它把自己认作是心灵与身体的完整机制。在这种状态中，意识（Brahman）蒙着面纱，被三个身体（因果身、精微身和物理身）着色。"jiva"在醒时的这个特殊面相，圣典以专有名词"Vishwa"（微施瓦）标出。它是宇宙存在的无穷小的部分，叫作微施瓦那拉（Vaishwānara）或者微拉。

在梦的状态中，它把自己从肉体与感官的限制中释放出来，从而断开了与外部世界的联系。以醒时经验中所获得的特定的心理印记（samskāras）做材料，它根据自己的光创造属于自己的梦之身和精神世界，作为行动与经验的主体活动其间。③在梦的状态中，觉知蒙着纱，并只被两个身体（因果身和精微身）着色。这一状态表现出"jiva"的另一面相，即泰嘉莎（Taijasa）。它相当于宇宙范围内的金胎。

---

① 参见《大林间奥义书》第4章，第3节，第8句。
② 参见《大林间奥义书》第4章，第3节，第7句。
③ 参见《大林间奥义书》第4章，第3节，第9句。

在深睡眠中，智性停止存在或运作。它退行到因果层，但它与灵魂还保持着潜在的关系。[1] 因果身成了觉知的唯一遮蔽。就像我们看到的，这个身体有着未显现的潜在能量，蕴含着种子状态的"jiva"的各种可能性。它没有运动，没有动作。甚至无休止的感觉、心意和智性都静静地歇息在这个身体的因果层。这个身体唯一的作用是遮蔽完整的自我知识。

在深睡眠中，实相只被因果身遮蔽，它也叫作喜乐鞘（anandamaya kosha），就像是觉知和喜乐的存在本身。在这种状态中，灵魂放松，正如它本来的状态。它不再随着心意和身体的运动而摇摆不定。它仅仅目击着这个状态，并用自身的喜乐为其满注宁静。"就像一只鹰或隼，当它倦于在空中飞行，它会展开翅膀，围成自己的巢穴，无限的存在也一样，当其进入深睡眠状态，他不再有任何欲望和梦境。"[2] 灵魂也一样，倦于醒时与梦时的行动与经历，来到深睡眠中休息。所以说这个状态中的"jiva"与实相合一。[3] 梵语"swapiti"，相当于动词"睡眠"（第三人称单数形式），暗示了一个人在这个状态中成了他真正的自己（swam apito bhavati）。[4]

然而，在深睡眠中，灵魂似乎并没有觉察或者了解任何东西。仿佛仅仅是因为在那个状态中，不存在任何除它自身之外的可供感知的外物。[5] 它的意识坚不可摧，一直存在，无可扰动。在醒来的刹那，

---

[1] 参见《梵经》第2章，第3节，第31句。
[2] 参见《大林间奥义书》第4章，第3节，第19句。
[3] 参见《歌者奥义书》第6章，第8节，第1句。
[4] 参见《歌者奥义书》第6章，第8节，第1句。
[5] 参见《大林间奥义书》第4章，第3节，第23句。

它记起自己有过一个安然的睡眠。这也证明了在深睡眠中灵魂始终是一个目击者。

然而，在个状态中的觉知，仅被因果身遮蔽和染色，显现为"jiva"生命和经验的一个独特面相。印度教圣典用专有名称般若（prājna）标示这个状态的"jiva"，来强调这个事实。当终极实相被个体的因果身遮蔽和染色，它呈现为般若，当它被宇宙的因果身遮蔽和染色，它呈现为自在天。

如此，"jiva"交替度过醒、梦、深睡眠三种状态。每一种状态中，它呈现一个特别的面相。在醒时，它的行动和经历与物理宇宙相关联；在梦时，它的行动与经历与自己创造的精神世界相关联；在深睡眠中，它只目击着完美的休息状态并经验喜乐。需要注意的是，"jiva"只在前两个阶段以维施瓦和泰嘉莎的面相出现才有"vijnānamaya"（相当于智性）作用。在第三个阶段，它的"人性"（jivahood）保持主导，从智性（退行到因果层）中解放，灵魂与神合一，成了般若，并保持为纯粹的目击者。

所以圣典如此陈述：个体灵魂，这一自我发光者把自己认同为智性，通过不断地建立、断除和肉体、感官之间的联系，一次次在醒与梦之间游走。它自由地在这两种状态中切换，就像大鱼顺着潮流畅通无阻地在河的两岸之间游动。①

极其相似的，"jiva"通过进入与出离肉身，交替在这个世界与相邻世界之间穿行。② 在任何肉身中，灵魂存活的时间由它之前的行动的部分结果决定。它的业中决定它当下生命的这个部分，叫作宿业

---

① 参见《大林间奥义书》第4章，第3节，第18句。
② 参见《大林间奥义书》第4章，第3节，第9句。

（prārabdha）。当它被耗光了，灵魂带着它的因果身与精微身离开肉身。这种现象叫作死亡。事实上只是粗糙身死亡了，而非灵魂死亡。当丧失了"jiva"（灵魂），这个身体死了，"jiva"没有死。[1] 只有在比喻的意义上，当灵魂进驻肉体，我们说它出生了；当它离开肉体，我们说它死亡了。[2] 事实上，灵魂并不受制于出生、成长或者衰亡；所有这些变化只在肉身上发生。

事实上，是精微身把神的影像作为它的灵魂，并带着这影像出入肉身。神作为觉知本身无处不在，因此他无处可动。仅仅是智性中的神的虚幻的影像看起来像是跟着智性一起在运动。从这一方面来看，当灵魂被光照亮，智性和其他内在的工具一起进入粗糙身，我们可以说灵魂出生了；类似的，当同样的这些东西离开了粗糙身，我们可以说灵魂死去了。

如此，"jiva"在这个世界和相邻世界之间穿行。生死轮回的起点不为人所知。因果身和精微身在创造与消融的循环中延续。本质上没有什么能摧毁它们。正如我们在前文提到的，只有当自性的知识彰显，它们才会消失。只要灵魂看起来像是智性，智性像是灵魂，这两个身体便一直存在。原始的无明制造了这个幻觉。灵魂的性能看起来像是智性的性能。这个幻觉被专业地称为叠置（adhyāsa）。甚至这身体和心意组合成像灵魂一样的有觉知的实体，也是由于叠置的原因。当有人说"我老了，我病了，我害怕，我快乐"的时候，而事实上他的肉体或心意是受到影响才这样的。

当人们如实地领悟了他的自性，这个幻觉便消失了。只有在那

---

[1] 参见《歌者奥义书》第6章，第11节，第3句。
[2] 参见《大林间奥义书》第4章，第3节，第8句。

时，无始的"jiva"才完美终结。摩耶和它的虚幻的名相产物一并消失。一切限制性的附属物脱落。再也没有什么能遮蔽或染污终极实相，再也没有什么来反映觉知并持有它的影像。经过创造与消融的无数次循环，那个在摩耶中一直把自己看作是知行力量有限的"jiva"，最终发现自己完全是终极实相，是存在、觉知与喜乐的无限海洋。就像河流经过各种广袤大地最终抵达海洋，把自己的个体存在融入共性之中。"jiva"也一样，从没有起点的旅途开始，经历无数的身体在不同世界的无数生死轮回之后，抵达了伟大的源头，并融入其中。当"jiva"开始认识真实的自己，它一生的梦幻就此结束。

人类通过完全的自性知识，就有可能抵达这个目标。有些人在这辈子尝试成功了，他们成了所谓的"生时得到解脱"（jivanmukta）。有些人在他们生命结束时达到了这个"无余涅槃"（videha-mukti）的目的。另一些人通过所谓的渐次解脱之路，在这辈子有了实质的进步，死后继续朝着目标前进（krama-mukti）。据说，他们死后穿越了不同的更高的世界，直到他们抵达梵界。他们居住在那里直到轮回结束，并在"Hiranyagarbha"（那个世界的主宰神）的陪伴下得到解脱。

所有其他人，被欲望鞭策着，行善或作恶，去到更高的或者更低的世界待上一段时间，然后又回到地球。为了收获行为的果实，他们甚至可能生为植物、昆虫或更低等的动物。在他们经由这些低等生命来遭受恶果之后，他们再重新出生为人。只有作为人，"jiva"才有机会获得自性的知识，才能获得自由。所以人的生命在圣典中得到高度颂扬，这是有助于"jiva"显现内在神性的无比优越的环境。

十六　仪式与神话

1. 仪式

通过前面的章节,我们熟悉了印度教根本的灵性真理。这些灵性真理可以说形成了这个信仰的核心部分。其余只是外围的内容,旨在助益人们回到真理,仪式和神话便是如此。

众所周知,灵性真理高度抽象。即使有着绝妙的智力,要掌握其内涵也是极为困难的。而且,仅仅理性的掌握,并不能使人在灵性王国走得很远。引经据典,或者关于教义话题高谈阔论,皆非穷究真理之法。在灵性成长的路上,人们要做的,不仅是理解这些真理,而且还要驾驭自己的生命,在真理之光中行动,直到证悟真理。这样的证悟,才是我们要达成的目标。只有纯洁的心灵才能拥有真理。只有当人们的心灵彻底被净化,这一切才有可能发生。

心灵的净化发展出一种巨大的能力,纯净心灵的直觉。灵性真理正是通过这个能力被认识。关于神、本性与灵魂的真理在纯净心灵中闪现。超自然或超现实的经验通过直觉力获得。每个人都具有直觉力,但是它在不洁的心灵中是暗钝的。所以只有当心灵被净化,直觉力才能有效地发挥作用。当它被照亮,它就像是绝妙的知识大门。超越我们的感官（alindriya）与智力的更精微、更高级的真理，通过这个大门直接通达我们的觉知。

只有当这个能力足够发达了，人们才可以说自己达到了全部的精神高度。只有那时，他才可被称为正常的人，他才算拥有正常的视力。通过纯净心灵的直觉获得的更精微、更高级的真实，建立在一个完善的人的自然常规的经验基础上。那些没有发展出这个能力的人应该被称为低级的人才对。相比理性的人，野蛮人属于低级人类的存在；同样的，相比拥有纯净直觉的人，仅仅拥有智力的人可能更应该说是处于低级人类发展的阶段。

然而，借以获得更高真理的能力，只有在心灵被净化时才能得以发展。所以实修的唯一任务是帮助人们净化心灵。因为在那时，觉悟自然来临。这里有着仪式和神话的运用。

从始至终，印度教仪式都只是为了净化心灵。除此之外，似乎再无其他目标。

当然，某些无益于教化的仪式（可能归为巫术更适合），自《阿闼婆吠陀》时代以来一直兴盛，后来被密教经典（Tantras）规定下来。这些仪式或是为了打垮敌人，或是为了获得梦寐以求的东西；或是为了治疗疾病，或是为了避免不幸。底线是只要在圣典允许的范围内，人们在世俗之路践行的这些仪式，都是没有害处的。比如，敌人可能是反社会分子，为了社会的福祉，他不得不被消灭。梦寐以求的东西可能并非没有价值。在这些情况下，施行这些巫术不会降低人的灵性。但这很可能被不洁的、邪恶的心灵滥用。他们很可能试图用这些仪式达成某些自私的邪恶的目的。这里潜伏着灵性堕落的危险。

把这些仪式放在一边，剩下的都能导向灵性福祉。它们磨炼人的心灵。我们知道这是通往证悟神的道路上不可免去的一步。但是仪式是如何帮助心灵除去污染的呢？让我们来看看。

在之前的章节中，我们学习了心灵污染的根本原因是对本质的神性的无明。任何能减少这无明的事物定能净化心灵。冥想神或我们灵魂的神性能消除无明，因此它是心灵有效的净化剂。然而，比起其他方式来，抽象的冥想是一件无比呆板的工作。但是，当它通过仪式固定下来，它对于大家来说就变得容易了。

代表神的图像和象征物的运用是上述的一个例子。在敬拜图像或象征物的整个过程中，人们必定在念想着神而不是其他。这种把人思想转向神的方式是最好的净化剂。借助具象形式来感受神性的存在更容易做到。甚至对于一个极富理性的人来说，也很难长时间地集中心意于无限无形的宇宙之神的沉思上。

在前面的章节中说到的激活图像（prānapratishthā）内含的过程，清晰地表明了仪式如何实现灵魂之神性的观念的逐渐同化。信徒应当这样观想：灵魂寓居于他的心中，神以一个特殊的光的形式从他的灵魂中显现，随着他的呼吸从他身体里出来，由一朵花送达图像，图像便获得了生命。这个过程在知识分子看来可能相当幼稚。但就算是幼儿园级别的练习，对于知识分子（就灵性成长级别而言，他们大多不再是婴儿）来说也是非常有效的。通过重复这样的行为，人会渐渐意识到灵魂的神性。

关于自然中无所不在的对神的沉思，也通过仪式（有效的心灵的净化剂）进行。通过这样的沉思，信徒的心意在一段时间里超越了俗世的肮脏环境。自然中与他自己的身心在一起的一切，都被神化了，并作为敬拜神、与神沟通的必要的前提条件。①

神把自己显现为自然。这是印度教宣扬的极为突出的灵性真理之一。当人的心灵变得绝对纯净，他能体悟到这个真理。事实上，他能在任何地方、任何事物中看见神。但是，在这个视力获得之前，人们必须非常努力地在这个真理上琢磨，比如集中精力思考它及它的含义。越专注于它，他的心灵就能越多地消除无明及随之而来的不净。印度教仪式提供了丰富的机会，方便人们以简易有趣的方式强化这样的沉思。

正如关于数字和简单数学运算（加、减等）的抽象理念的应用知识，可以借助许多珠子教给孩子，关于神遍在于自然的高度抽象的理念，也可以借助具象之物装进粗糙的心灵里。

这需要挑选自然物，并视其为神圣之物。整座山脉，如喜马拉雅山（Himālaya）或者温迪亚山（Vindhya），都被视为神圣之物。海洋也是神圣之物。许多河流，如恒河（Ganges）、亚穆纳河（Jumnā）、戈达瓦里河（Godāvari）、萨拉丝瓦蒂河（Saraswati）、纳巴达河（Narbadā）、印度河（Indus/Sindhu）和高韦里河（Kāveri）也是。河流与山川是它们的主管神灵（他们为印度人所敬拜）的身体。这些神灵是神的高级显现。

甚至如瓦萨纳西（Vārānasi）、阿拉哈巴德（Allāhābād）、哈德沃（Hardwār）、沃林达文（Vrindāvan）、阿约提亚（Ayodhyā）、德瓦卡（Dwārkā）、普里（Puri）、乌贾因（Ujjain）、坎契浦兰（Kānchipuram）、拉姆斯瓦兰（Rāmeshwaram）和坎亚库马瑞（Kanyākumāri）之

---

① 梵文为"Dew bhutwa devam yajet"。

类的城市与村庄也都是朝圣者朝拜的圣地。这些地方的氛围适于悟道。无所不在的神在这些地方看起来好像只是薄薄地蒙了层纱，因此稍做寻求就能径直把人引向神。这几乎显明的神的存在，使得每一个人都灵性高涨。这就是为什么人们说在这些地方街道上的尘土都是神圣的。

进而某些树、草药、草、木、花、叶、金属、石头等都被认为是神圣的。而这还不是全部。在礼拜的过程中，女神杜尔加（Durgā）要在各种水源取来的水中，或者是混合了许多东西（它们被认为是神圣的东西）的水中沐浴过。这背后的理念是把信徒的神圣视力扩展到这个世界上每一角落。事实上，没有什么是不神圣的。有些仪式要求信徒视地球、太阳、月亮、各星球、星星为神圣之物——它们的主管神灵的身体。事实上，仪式帮助人们把自然中的一切事物看作是神圣之物。这种神圣无所不在的想法把一个人自己的心灵神圣化，清除它的邪恶倾向，逐渐适应于觉悟无所不在的神。

关于这一点，我们要适当地说一下人们借助林伽（linga）的象征物来表达对湿婆神的崇拜。有些现代人常会嘲笑它是阳物崇拜的蒙昧仪式的残余。这一点儿也不重要。因为它已经升华了，远非原始的仪式。阳物的含义也被一并丢弃了。湿婆林伽作为湿婆神的神圣象征["linga"（林伽）一词的主要意思是：标志]。通过它，人们敬拜神，思念神，除此之外什么也不想。这样关于神的冥想必然能净化人的心灵。这说明了亲爱的印度教徒们在加强他们关于神遍在于自然的心念方面走得有多远。甚至阳物（假设这个翻译是正确的[①]）也被他们神

---

① 另一个翻译版本见《辨喜全集》第4卷，第357—358页。

圣化，被他们转化为灵性成长的助益之物！

除了冥想神及其遍在的本质和灵魂的神性，还有信徒关于自己的身心和他周身一切事物的纯粹的念想——它们形成了一切印度教仪式的心理背景。这一纯粹的念想检验当下所有不洁的想法和冲动，因此引导心意进入神圣交流的境界。在信徒举行实际的礼拜仪式之前，这样的心境就要准备好。从开始以来所做的一切，都只是自我净化的预备过程，旨在把心意提升到这样一个神圣的心境。

平常《密教》(Tāntrika)崇拜相关仪式中的一些例子可以说明这一点。在礼拜之前，信徒要沐浴，最好用圣水，彻底地清洗身体，然后穿上专门为此制作的洁净服装。礼拜的地方必须是神圣的场所，可以是庙堂里、圣树下，或者是家族的祠堂里。无论如何，这个场所和所有用于礼拜的物品，都要谨慎地被清洁过。在去往礼拜的地方之前，信徒要通过冥想、唱诵、念神之名（japa），先让自己的心意朝向神。

在进入礼拜的场所前，他要祈求自己的心灵除尽污垢。然后邀请神来见证他的礼拜，他要通过所谓"从手掌中啜饮水"（āchamana，一种简单的祭神仪式）净化自己。在这里，念诵的颂词很有意思，它的主旨是："圣人持续看见神（Vishnu）的至高境界，就像眼目伸入了天空。"灌注以至尊梵为终极实相的信念，无疑是这个圣神仪式的目的。这被当作自我净化的有效手段。

然后，邀请七大圣河的主管之神们进入将要用于礼拜的水，来净化这些水。之后，这些水自身变成了净化剂。随着相应的神圣的颂词，这些水被泼洒到其他物品（如信徒的座位、花朵与花瓶、香炉、烛台、供品，事实上是与礼拜有关的一切东西）上，用于净化它们。信徒甚至要用一种神圣的唱诵清洁自己座位底下的地面:"哦,Prithwi(这片土地的主管之神),人们由你承载,你又由神承载,愿你一直承载我,净化这个座位。"这表明:如何通过简单的事情,视野得以触及遍在的神性,心灵得以提升至一个更高的境界。

此外,步骤中关于五大元素净化(bhuta-shuddhi)的冥想也有趣至极。它表现了,人的思想是如何通过具象形式,被一步步引向宇宙的消融,把灵魂消融于至尊梵之中,又使其以神化了的形式重新出现。在这个过程中,他也需要想象个人化的邪恶的身体(pāpapurusha)和他自己的精微身一起枯竭、烧成灰,想象月亮的甘露灌注到前额,从而诞生崭新的天人的精微身。通过这些具象的形式,信徒被引导着相信他的心灵已经变得纯洁无瑕。

这些思想可能是寓言性的,或几乎是诗性的,但是它们产生的效果是切实的。我们强烈地想象自己是什么,我们就成为什么。如果我们一直在自己的弱点与罪恶上徘徊,我们只能是虚弱的、罪恶的。反之,如果我们坚持认为自己是纯洁的,我们就成为纯洁的人。这是一种自我催眠。我们在本质上是纯洁的。我们由于原始的无明而自我催眠,认为自己是罪人,于是就像罪人一样行动。我们要把这个想法倒转过来,解除自我催眠。这就是印度教礼拜相关的自我净化的所有准备过程背后的真正想法。事实上,甚至这个肉身上的每一处都在尼亚萨(nyāsa)的过程中被神圣化了。

做完这些后,信徒开始通过一个图像或者象征物礼拜神。礼拜是一个引入神圣的过程。人们欢迎神的到来,为他准备好座位,给他洗澡、穿衣、供花、焚香、圣宴等来迎接。在这个款待的过程中,通过自我净化和神的人格化的准备活动,信徒把自己神圣化,并且在这样一个神圣的沟通氛围中，信徒得以尽可能地接近神。

而且，迎接神圣的整个过程需要在内心一遍遍重复。这叫意念仪轨（mānasa puja）。通过灵性崇拜的整个极其有趣的具象思维，它帮助信徒把心意转离物质环境，集中于神的冥想。这无疑引导着信徒的心灵从粗糙迈向了精微。

这一过程叫作阿拉提卡（ārātrika），似乎是在强调神享受人类款待后的荣耀。这看起来是一个象征性的礼拜。它包括在神像前挥舞光、水、布、花朵和查玛拉（Chamara）[1]。这些用来象征五大元素——火、水、以太、土、空气。有无数孔的布[2]象征以太；气味是土地的特性，后者由花朵来代表。由基本成分代表的整个宇宙，通过对神的敬拜象征性地献给神。如此宏伟的对无所不在的唯一者的敬拜，它只为提升信徒的心念，即把人格化的神的观念转变为超宇宙的神的观念！

典礼在叫作侯玛（homa）的表演中适时结束。这包括特地点燃圣火焚烧祭品以示供奉，它显然是吠陀敬拜形式的遗存。然而，典礼结束时的仪式意味深长。以此方式，信徒关于神的理念得以超越长期以来图像造成的，无论是物质上的或精神上的，形式的限制。通过火的主管神明阿耆尼，信徒的供品传送给了宇宙之神。有时候，借着祭献圣火，信徒甚至要将宇宙和它的创造者（人格神，Shiva）一并奉献[3]。如此勇猛的仪式，它旨在帮助信徒超越一切形式，认识自己的

---

[1] 拂尘，用牦牛多毛的尾巴制作。
[2] Ambara（以太；天空）的同义词，意思都是以太。
[3] 梵文为"Vishwam juhomi vasudhadi Shivavasanam"。参见《蒙查羯奥义书》第5章脚注。

灵魂就是宇宙精神（Parabrahman）！

以上例子足以说明印度教仪式如何通过有趣又有效的灵性修炼来磨炼心灵。若能虔诚地、坚持不懈地、毫无机心地追随神，必能渐渐净化心灵，直到开发出纯粹的直觉的功能，体悟更高级的灵性真理。

2. 神话

神话旨在通过格言与可敬的榜样，激励人们将自己的生命努力投向最高的理想。它包括故事、寓言、传说，有的有历史根据，有的没有历史根据。有些是讽刺性寓言，有些充满了诗性意象，有些是从前的传说事件。然而，通过它们，印度教的抽象的极其微妙的理念才得以成功地传达给大众。抽象的教义在故事的外衣下变得有形有相、生动有趣，令人印象深刻。

吠陀时代的梵书里面（Vedic Brāhmanas）就有这个技巧了。梵书时代有神话和传说、创世神话（Purānas）、史诗（Gāthās）和英雄赞歌（Nārāsamsi）[①]。随着时间的流逝，一种独特的文学成长起来，并蓬勃发展，形成了我们今天所说的印度神话。

大量的这些文学可以被归为叙事诗，有些是史诗的形式，比如《罗摩衍那》和《摩诃婆罗多》。这就是为什么它成了直接向大众传播印度教高尚、抽象的理念与理想的极好的载体。在梵书里面就开始这样做了[②]。那时候，叙事诗的吟诵成了宗教仪式的一部分。比如，作为大型马祭（ashwamedha yajna）的前奏，这样的吟诵要每天进行，整

---

① 参见温特尼兹著《印度文化的历史》第 1 卷，第 226 页。
② 参见温特尼兹著《印度文化的历史》第 1 卷，第 311 页。

整持续一年。在宫廷里，也有一班人（Sutas）吟诵或歌唱这样的诗歌。甚至隐士也会聚集在秘密的地方聆听神话叙事（Ākhyanas）、《史诗》（Itihāsas）和《往世书》，度过雨季。以这样或那样的形式出现的这一习俗甚至延续至今。戏剧性地陈述印度神话的一部分，或者由叫作"讲述者"（kathaka）那样的专家来吟诵、阐述，常常能获得宗教性或社会性的功效。这样，印度教高尚的理念与理想，通过令人印象深刻的故事和激动人心的英雄事迹，一代代地在印度社会的各个阶层流传。

为了印度人民的普遍的信仰教育，这一持续的惊人的行为至少延续了六千年，这无疑是一个令人震惊的现象。它高度表明了印度人在宗教事务上的极其普遍的热情。这并非徒劳。通过几千年的作用，大众的心灵被印度教理念与理想浸透。虽然高度抽象的理念可能非他们所能及，但是他们熟悉这些理念的形象版本，这些足以能激起他们在宗教追求方面的渴望。仅仅靠圣典的这些知识的启蒙，常有一些属于印度社会较低阶层的人受到灵性生命至高理想的激励。的确，神话就像一把梯子，把大众心灵提升至灵性高度。

让我们来窥探一下印度神话，看看它是怎样发挥如此神奇的功能的。首先，它通过具体的形象呈现抽象的印度教关于神、灵魂和自然的理念。就像信息与教导可以通过图片给出，它们也可以通过故事说出。图片和故事自身都不是真理，但是它们都有助于把真理印入人的心灵。地图是什么呢？显然它不是它所代表的国家，但是它能够让人了解到关于这片土地的许多东西。神话也一样。它们不是为了表面上的真实，而是为了让人能通过它们而拥有关于精微的形而上学的真理。甚至早在吠陀时代，就有了阿卡雅纳解读的详细指导，而不仅仅是字面上的准确。

比如创造的故事——一个大家喜爱的主题，事实上它是印度神话文学（特别是《往世书》）的不变的主题，它会让大家清楚地理解这一点。让我们来看看其中一个版本①。那拉亚纳（神：Nārāyana），穿着黄色袍子的四手蓝身之神，闭着眼睛，静静地躺在九头蛇（Ananta Nāga）上，漂流在无所不在的深不可测的大海上。这无边无际的大海（ekārnava）之水叫作因果之水（kārana salila）。除此之外，无物存在。这就是消融的图景。在创造的前夕，从那拉亚纳的肚脐里长出了一朵莲花，光芒遍及整个大海。在莲花上出现了梵天，四面四手的红色之神。在神的命令之下，梵天冥想过去的轮回，根据命令创造宇宙。

这是多么壮丽的关于无可名状的真理的图景啊！《梨俱吠陀》中关于消融状态的描述令人窒息。"彼时，无物存在，连无也不存在；没有天空，也没有大地……没有死亡，也没有不死的生命；没有白天与黑夜的分别。只有唯一者用其能量（Swadhā）在呼吸，尽管没有生命的气息（prāna）存在；此外，别无他物存在。创造之前，这一切被黑暗重重包围，隐藏在未显现状态中。在消融中被遍在却又琐屑的无明遮蔽的宇宙，根据神的意愿重新显现为名相。"② 有趣的是：吠陀经文中用来表示"kārana"的"salilam"一词，其字面意思就是水。一位欧洲学者如此翻译这部分经文："广大的不可穿越的洪流"。然而，吠陀经文中用"salilam"（水）表示"kārana"的隐喻用法，为后来的神话版本提供了一个线索，用遍流的水形象化地表示未显现

---

① 参见《薄伽梵往世书》第3章，第8节。
② 参见《梨俱吠陀》第10章，第129节，第1—3句。

状态。唯一者及其能量斯瓦达以那拉亚纳及其罗噶玛雅（Rogamāyā）出现。

在神话版本中，关于消融和创造，《吠陀经》陈述的这个真理深入人心：在消融中，只有神与他的力量存在。一切都退行到遍流的水表示的因果层。在创造的前夕，根据神的意愿，通过神的力量，神从自身诞生出梵天，然后从梵天诞生出其他造物。我们只要对这些神话图景稍加阐释，就能析出《吠陀经》关于消融和创造的真理。当然，非常粗糙的心灵可能还远不能掌握其深蕴的思想，但是通过这些图景，他们多少能获得一些真理，而它不会是鄙陋的，也就是说，神和他的神圣同伴（Shakti）是创造的唯一源头，同时是动力因与质料因。

就这样，神话的形象化表述将印度教关于神、自然和灵魂信念的基本原理印入了大众的心灵。

而且，神话用无数采自历史、传统和传说中的鼓舞人心的偶像装点了印度社会。以这种方式，数百个光辉的人物形象在印度人民心中留下了不可磨灭的印象。他们至今仍被看作印度人的榜样，值得所有人仿效。国王、英雄、主妇、隐士、信徒、父亲、母亲、妻子、丈夫、儿子、兄弟、仆人——所有这些人里面，至少有一个光辉的神话（Paurānika）人物作为一个古老的模板。罗摩、克里希纳、阿周那、坚战（Yudhishthira）、毗湿摩（Bhishma）、瓦希斯塔（Vasishtha）、维度罗（Vidura）、那拉（Nala）、哈里尚德拉（Harishchandra）、迦尔纳（Karna）、甘哈利（Gānghāri）、希塔、萨韦特利（Sāvitri）、拉克什马纳（Lakshmana）、婆罗多（Bharata）和马哈维拉，他们都在这个偶像之列。他们引领正道，是至今仍然鲜活的塑造印度生命的永久的精神源泉。

再者，这些故事本身就是智慧的宝藏。每一个故事都深深地烙印在人们心中。它常常描述对印度人的生命理想及其行动的某些方面有着直接影响的主题——可能是关于某种灵性规律的教育，可能是关于宗教修行次第或是一些伦理原则，也可能是关于个人根据他的生命状态、社会地位及其关系所需要的特别责任（dharma）。

正义终将胜利。贪婪、欲望、嫉妒、自傲以及所有的恶劣品性不会永远持续，它们终将溃败。许多故事将这一灵性规律（"Yato dharmastato jayah"）印进了人们的心灵。几乎每一首神话颂歌或印度传说都在宣讲这特殊的一课，它深深地潜入印度教徒的心灵中，感染了他的整个生命观。通过它的教化，印度教徒的心灵更多地依赖灵力（Spirit）而非蛮力。战士的力量需要正义的生命与正义的行动做支撑。他举起武器，只能是出于正义。否则，即使他有超常的军事力量，他的命运也会被封锁。《罗摩衍那》中描写的有着邪恶居心的怪异的超人（Rāvana）的失败，《摩诃婆罗多》中描述的有着无价值欲望的神勇斗士（Kauravas）的失败，虽然他们的军队有着充足的兵力和杰出的指挥——这些故事让印度子民狠狠地记住了这一课。

同样，罗摩和克里希纳作为神的化身（Divine Incarnations）出现在这两部传奇中，分别向他们的接受者传递灵性价值。冥想一位阿凡达的生命故事，是一项具有重大价值的灵性修炼。《罗摩衍那》和《摩诃婆罗多》都为这样的修炼提供了许多方便善巧。通过这些传奇，神来到了我们的面前，我们几乎能看见他们，触摸到他们的衣襟。《薄伽瓦谭》（Shrimad Bhāgavatam）中还描绘了室利·克里希纳另一部分生命故事的感人的图景，它也对印度的心灵产生了同样的作用。

神话故事的另一个极其有趣又有教育意义的一面是：通过它

们，人能获得面对职责中遇到的看似矛盾的困境的绝妙办法。罗摩对他的臣民的职责超过了他对妻子的职责。婆罗多对他的正义的兄弟的职责超过了他对野心勃勃的充满嫉妒的母亲的职责。微比沙那（Vibhishana）对他的正义神圣的敌人的职责超过了他对其贪婪的兄弟的职责。迦尔纳对他的饥饿的客人的职责超过了他对自己儿子的职责。这些情节给了印度人如何在两难的处境中做出职责选择的现实指导。每一个案例都能指引人们要超越肉身和狭隘的自私，飞向灵性。它们就像解决任何职责矛盾问题的有效范本。

除了用无数传说给主要的美德涂上明亮的色彩，印度的神话文学在主体叙事之间，还会谈及精彩、明晰的哲学与实践性宗教。戏剧性的场景和清晰的风格让这些讲述变得有趣又平易近人，令人印象深刻。这就是为什么大量的印度人从这里学习宗教与哲学。《薄伽梵歌》和《昌迪文献》，这个时代里最流行的印度教圣典，它们分别是在《摩诃婆罗多》和《摩根德耶往世书》论说主体叙事中那些戏剧性场景的插曲。

通过对极其微妙与抽象的《吠陀经》教义的形象表述，这些神话中动人的人物形象、富于教育意义的故事和启发性的论说，对升华印度人的人生观影响深远。

十七　印度人的人生观念

这些关于印度人对于神、自然和灵魂的信仰的内容，从《梨俱吠陀》时代以来，借由神圣的典籍，一直流传至当代。自那时候起，经过了几千年的发展，这些内容被后来的圣典扩充与阐释，被每一时代（包括我们这个时代）的先知所证实。印度先知的发现，揭示了关于生命与存在的不可更改的永恒真理，比如神遍在于自然，比如灵魂的神性。这可以说是印度教信念的基础，正因如此，它也被叫作"永恒之法"（sanātana dharma）。

印度生活的整个结构，正是建立在这一永恒的真理之上。这可能是为什么这个结构能够维持那么多世纪。甚至被入侵、被殖民、被各个外来民族统治也没有明显影响印度生活的大体稳定。不像亚述人、巴比伦人、埃及人、希腊人和罗马人，今天的印度人与他们远古的祖先相比，并没有变得面目全非。远古的《梨俱吠陀》时代的颂歌，至今仍为他们所唱诵；他们的行为，至今仍是如远古时候那样地被圣典规范着。

这不是因为印度人无知，只是愚蠢地固守古旧的精神，许多现代人可能会这样认为。但是，原因需要去别处寻找。印度人不会放弃永远正确的东西。他们的社会正是建立在这些如岩石般坚固的真理之基础上。如果这个基础被连根拔起，那么，社会结构注定会瓦解、消亡。但是，这不可能发生。

好几个世纪过去了，印度生活的超级结构无疑遭受了磨难与泪水。但是，每当它要被抛弃的时候，总会有一位阿凡达，或灵性导师（Achārya）及时出现，根据变化了的时代环境修正或改造它，让它重获新生。就这样，它延续了无数的年代，这岩石般坚固的灵性真理从古至今无有改变。"天启圣典"（指吠陀文献）作为至高的权威，坚实地留驻存了无数的年代。作为保存先知们发现的永恒真理的智库，它一直在影响着所有其他的经典。这其他的经典也叫作"圣传经典"，它们不时地被杰出的灵性人士改造，以适应印度社会不断变化的环境。但是，这些改造都没有偏离"天启"揭示出来的印度信仰的基本原理。

这一进程从印度教诞生之日就已开始。严格地基于基本原理，灵活调整外在形式，这是印度教徒们平安度过几千年的策略。

人的本质的神圣性，是印度人信仰的基本原理之一。

人的灵魂就是神。人与生俱来地带有全面圆满的潜能。永远不会因为他的任何行为而受到诅咒，无论那有多少可恶。罪恶云云，不过是无明造成的错误。当然，因为这样的罪恶，人们需要在此世或来世遭受痛苦以偿还。然而，他在这样的遭遇中，会变得更加智慧，通过在一次次出生中继续前进，直到内在于他的神性完全得以显现。每一个人都要达成这个神圣的目的。因此，罪人不是用来谴责的。人们应该同情他们，帮助他们走出这种无明。

事实上，只要人没有认识到他与宇宙精神是同一的，只要还是留恋他的肉身和物质世界，那么，他就继续处于束缚之中。他近乎是披着人皮的动物。但是,印度教永远不会诅咒他,而是帮助他逐渐进化,直到他身上的动物性完全消失,腾出空间给神性。

根据印度教的传统,加速这个光荣的转化正是人类生命的任务,其余一切都只是它的手段。就促成灵性生命提升来说,学问、财富、子孙都是次要的,如果它们不能为这个主要目标服务,那就只是垃圾而已。任何以灵性生命为代价的事物,都只会拖延趋向圆满的进程。

然而,只要人们仍执着于他的肉体,还在追求感官刺激,那么他就只是一个可怜而渺小的造物,在每一次命运转机的当口无力奋战。他没有意识到他自己真实本性的荣光。他拥抱自性的影子而直接当作了他自己。把自己认同为肉体和感官系统,在这个状态中,人就像是被激情绑缚的奴隶。受制于愤怒、怨恨、欲望和自负,特别是自私,他看起来可鄙而可悲。他的神性的灵魂,被他浑浊的心意遮蔽。他所宣称的自我,其实只是他关于真实自性的粗糙的、狭隘的、低级的、扭曲的图像。

正是人们肤浅低级的自我,使他束缚于欲望的层面,让他陷于反复降生的旋涡。这是那只在树上吃美味果子的鸟儿,是被描述为黑暗的实体。通过合适的灵性修炼,这个肤浅低级的自我,将会随着时间的流逝而消失,人们永远地从肉身刺激与感觉器官的把控当中解放出来,安顿于内在的、永恒的平安当中。

灵性修炼的本质在于击碎无明的堡垒,直至这个低级的自我消解殆尽。这要通过拒绝它的不断花样翻新的欲望来达成。因此,弃绝欲望是灵性修炼的基本要求。这是灵性生命的迹象,只有通过它,才能抵达不朽,人的神性才能显现。绝对没有其他任何的出路。完全的弃绝是一种理想,只有通过它,人们才能认识到自己与神是合一的。当然，这不可能在一天之中完成，也不是人人都能做到的。虽然这是一种美好的理想，但是它能逐步实现，每个人都能从自己的现状出发。感觉与心意需要渐渐消解。这就是为什么世俗之路甚至认可有限制的欲望追求。

然而，只有通过完全弃绝欲望，才能实现圆满。当神性灵魂完全显现他自己的时候，人们要练就对外在与内在的自然性的完美控制。这可以通过精神控制（Rāja-yoga）、哲思（Jnāna-yoga）、虔敬（Bhakti-yoga）、工作（Karma-yoga），或是它们的合理组合来完成。事实上，这就是宗教的全部。印度教的"正法"，它所有的庙宇、图像、仪式和神话，以及灵性意识形态的所有变幻的影子，都在准确地指向这个目标。

因此，印度人的宗教是一件极具实践性的事。它旨在控制一个人的整个生命。它用这种方式来规范人的生命与行为，以当下为起点，尽可能地向神性迈进。因此，宗教的实践课必须根据一个人的灵性发展的切实阶段，与他的自然需求合拍，与他的品位、能力和性格相互适应。每一个人都要修习与自己最为相应的课程。这叫作"adhikārivada"，即因材施教。

关于这一点，印度教的圣典宣告的另一个重要事实是：

一个人一生当中所获得的灵性进步，它是不会丢失的。人在这一生抵达的境界，就会成为他下一生的起点，不会有任何的收获会被撤销。邪恶的行为带来痛苦，这就是赎罪。它们可能一时遮蔽人的灵性视力，抑制灵性成长的渴望，但是它们不能长久地撤销灵性修炼取得的成果。根据印度教的教义，善与恶不会相互抵消，它们各自带来自己的结果。一旦亲证自我的知识，人就能超越此两者。

神在自然中无处不在，这是所有印度教派都承认的另一个突出的灵性真理。与神的合一，潜在于自然永远变化着的各种面相之下。神贯穿一切，就像项链中串起珍珠的绳子[①]。神显现他自己为自然中的森罗万象；作为"宇宙灵魂"（Antaryāmi，安塔亚密）从内部管理它们，创造自然的无比和谐。

因此，统一寓于多样性之中，被印度教徒认为是一项自然的基本法则。他们被教导要欣赏统一与多样性这两者在创造和谐的自然方面的必要和作用。多样性不是偶然。它有其意义与价值，它因神性显现的需求而来。"我是一，我也可以是多"——神的这个全能的意志，是通过创造万物而自然完成的。他的宇宙能量有开出无尽新形式的潜能。这就是为什么自然界有着多样性的特征。甚至在同一棵树上，你也找不到两片一模一样的叶子。

确实，正是因为这表面的多样性，这由内在的神性统一投射并控制的外在的多样性，才有了自然的美丽、秩序与和谐。谁能意识到内在的统一，谁就能比别人更多地享受这种美。热爱一切，"最纯粹的喜乐与平静"将会在他们的灵魂中升起，弥漫整个世界，并将它变成真正的天国。

印度的文化教导人们要从自然中取下一片叶子。它劝导我们在处理一切人类事务（关于我们的一切行为或兴趣，个人的或者社会的）中遵守多样统一的原则，我们应该努力与尽可能多的事物保持协调，不要忽略它们内在的统一。以这样一种方式，我们会模仿自然中的神圣样式，而非寻找呆滞、机械、单调的一致。和谐，不是僵化的一

[①] 参见《薄伽梵歌》第7章，第7节。

致性，而是自然的神性法则。

每一个灵魂潜在地都是神圣的。人与人之间的区别只是表面的不同。其核心是永恒的神性的统一。在自然状态中，我们只是生活在表面。我们要穿过自然，抵达宇宙精神（Paramātman）的核心，成为解脱的人。这是一个游戏，我们要将该游戏彻底通过。这是神圣的游戏。一旦我们抵达了伟大的唯一者，游戏立马结束。

因此，在我们与同胞的关系中，任何有助于统一的事物都有助于灵性的成长。无私的爱有助于统一，因此它对我们是有好处的。所以我们被教导要通过无私地服务同胞来培养这样一种爱。这确实能帮助我们走向神性统一。我们要通过这样的服务，存养和扩充我们的心，直至我们成功地拥抱整个世界，并将其视为我们自身。的确，心灵的扩充是灵性生命的内在节奏。

印度教徒们被教导，要通过弃绝与服务来蓄养和扩充心灵。这是他们的正法。在印度的生活计划中，这个无私奉献的"正法"是一个主导的要素。它是印度社会结构的基石。它帮助人们超越粗糙而低层次的自我，它是开给所有人的净化心灵的药方。印度生活大概就是以被规定的自我职责（swadharma）为榜样，不断履行"正法"的过程。

个体之间的关系，以职责的方式，而非权利的方式得以表现。权利的主张，以及由之而来的权力与特权的争夺，常常出于欲望、自负和愚昧的自私。因此，它有使人精神堕落的危险。所以，虽然圣典忠告印度人要支持正义的事业，但更多的是让他们意识到他们的职责而非权利。正是通过履行他们所赋予的职责，人们才能存养，才能扩充他的心灵，提升精神。因此，个体的职责就是他的"正法"。这样，父母与他们的孩子，丈夫与妻子，国王与他的臣子，他们通过各自的

"正法"（职责）互相联系。

同样，根据每一个人的生命阶段和他在社会中的地位（varna），每一个体都有自己的职责法典，即他的自我职责。每一项职责都要求人们服务他人，放弃低级自我的极度自私的要求。通过弃绝与奉献，每一个印度人得以存养和扩充心灵，稳步向完美的目标迈进。当一个人弃绝了所有欲望，像神的崇拜者那样履行职责，他很快就能抵达目标。[①] 因此，整个印度生活，从最低层次的阶段，直至最高层次的阶段，就是一个弃绝与奉献的阶梯课程，人们借此逐步提升至一个伟大的视角，得以窥见寓居于纷杂万物之中的统一的神性。

憎恨、嫉妒、自私，以及所有强调人与人之间的差别、促使不和谐与不统一的东西都在相反的一端。他们来自狭隘的自我中心的生命观，可以说是一种心灵的萎缩。当人不知道他真正的神性本质，愚蠢地崇拜他的低级自我，他的心灵就萎缩了。这就像是灵性生命的毒药，因此我们应当竭力避免。这就是为什么印度教徒将欲望、愤怒、贪婪、痴迷、自负和嫉妒视作敌人（ripu）。

在众多和多变的存在中，一个人应当持之以恒地努力看见永恒的唯一者。这正是印度生活的主题。正是这一态度，产生了印度文化的独特个性。正是它为印度社会注入了新的活力，使它能够伸开臂膀，拥抱许多外来民族与信条。印度人不是用剑或火传播他们的文化的。诞生于纯洁和神的普遍的爱是他们唯一的武器。正是统一寓于多样性的观念，给予他们发展信徒的力量，从文化上提升这片土地上的人民，然后延至大夏人、希腊人、匈奴人、塞种人，以及遥远东南亚的

---

① 参见《薄伽梵歌》第18章，第46节。

不同民族。事实上，这一观念使得印度教的健康的文化影响深广，特别是整个亚洲，可能还有希腊——西方文明的摇篮。

这个扩展的过程很简单。根本统一的观念赋予古印度人宏大的视野，使得他们能够爱不同血统的人，与他们相融合，提高他们的生命与思想境界。他们不可能想要去消灭外族，或者摧毁他们的文化遗产。每一个群落难道不都是神的一种显现吗？它们的文化遗产难道不都是发展了上百年的代表了某种特殊人类文化的有机生命吗？古老的印度有尊重所有外族及其文化遗产的尊严与价值的智慧，尽管它们可能非常粗糙。

这就是为什么印度教徒们接受外族人的一切，他们只是通过温和的接触把他们转向崇高。他们只是把印度教的精神带进了这些群落，为他们留出印度信徒的席位。他们的宗教实践和社会习俗只是转向印度教信仰的基本原理，然而他们却被整个地接纳进印度文化。正是以这种方式，各种宗教实践与生活法典找到了他们通往印度宗教的道路。随着时间的流逝，它几乎成了所有宗教的缩影。在那时候，印度教有同化外来理论与扩张的力量。这显然是生命力的标志。事实上，只要统一寓于多样性的观念没有被模糊掉，印度教的文化就能继续朝气蓬勃地存活下去。

每当这个观念变得暗钝，印度教徒就变得麻木懒散，它的充满活力的宗教几乎濒临死亡。看不见根本的神性统一，在这样灵性死沉沉的时代，印度教徒的观念变得狭隘、偏执，充满宗派主义，会堕落为团体性的分崩离析，并排斥一切异族。权力、特权的争夺，无疑会产生憎恶与怨恨。失去精神进步的基本需求，即弃绝和奉献，他们最终只是痴迷于宗教的外表。这样越来越迷失，离古代的理念与理想越来越远。经过这样的时段，高尚的宏大的宗教被他们搞得一团糟。

幸运的是这样的时间不会持久。他们总是会迎来一个灵性高涨的浪潮。我们今天就是面临这样一种现象。文化生命的退潮刚刚过去，它的新浪潮即将到来。印度教徒们，在一段时间的麻木散漫之后，又开始珍视自己信仰的宝贵的基本原理。自然地，印度教又再一次确凿地显露出它原初的活力。

今天的印度教徒们重新开始倾听《奥义书》的生命讯息。来自古老先知的感人的呼声越发响亮、强烈，盖过了宗派主义者的喧嚣吵闹和几百年的公共争执。"在这个短暂世界中存在的任何东西都要被神充满（在人的冥想中）。在放弃（低层次自我）中，可以好好享受它们。但不要觊觎任何物质性的拥有。"[1] 他们透过一切皆看到了同一的神。如此，印度教徒复苏了他们古老的训诫：借助统一寓于多样性的观念，在一切事物中寻找它们的和谐。他们被鼓舞着去欣赏人类兴趣的各个领域中的多样性的价值与美丽。

在宗教领域，多样性被看作是人类文化的丰富资源。就像一件衣服不能适合所有人，同样，一个宗教也不能适用于所有人。就像一个家庭，要根据它的每一个成员的要求，分别为他们提供不同的衣服样式，同样，人类大家庭也是要根据各个群体的独特的品位、能力为他们提供相应的宗教。品位与能力的多样性需要，被当作一个不可回避的自然事实来接受并给予满足。事实上，这已经通过介绍各种宗教而得以实现。他们没有理由彼此吵闹，争夺霸权。每一个宗教都是通往圆满的正确道路；并且，每一个宗教都有它的特殊方式来服务人群。

---

[1] 参见《伊萨奥义书》第1章。

这一点屡次为印度圣人与先知所教导。在一次次堕落之后，印度人在室利·罗摩克里希纳的生命与教导中重新警觉到了这一个事实。他们很快相信：每一个群体都要坚守自己的信仰，同时也要对所有其他宗教保持尊敬，因为这些宗教才有了几个世纪以来，无数通往相同目的地的道路被不断地发现。在这个领域，统一性寓于多样性之中的观念，定能平息所有公共的、宗派主义的争吵。

在社会领域，这个观念也能创造出奇迹来。它能使印度社会变得年轻，使这个社会实质性地为人的灵性进步服务。放弃权力、特权的无益争夺；恢复以弃绝、奉献为特征的古老的生命图式。职责意识，要优先于权利意识。社会中个人与群体之间的关系也要相应地做出调整。每一个体，就算作为一个儿子或者一个仆人，都是神的显现，因此他们也要得到应有的尊重。可能存在种姓的不同，但是他们之间不应该有任何的憎恶或敌意。每一群体都是神圣的，都有它的地位与功能，都在印度社会的和谐方面发挥着自己的作用，因此都需要得到应有的尊重，每一个人都不容小觑。每一群体都有文化提升的机会。诸如贱民身份等事项应该永远废除。不难发现，今天的印度人正在根本信仰的启发下积极改革他们的社会。

这一次，他们可能不会仅仅停留于此。被这样的改革激活，他们的多样统一的观点有望打破社会的框架。他们无私奉献的"正法"可能会洒遍世界的每一个角落。种族、国家是多种多样的，同样，他们的社会、政治、经济生活的结构也可以是多种多样的。人群的多样性增进了整个人类社会的美丽与丰富。神通过这一切显示了他自己。每一类别都代表了神的一种投射，它们都是神圣的。每一个人都有天命要完成，并为人类的共同成长做出一些实质性的贡献。印度教圣典所宣扬的潜在于所有人类多样性中的神性统一的根本事实，再也不会被遗忘了。

没有谁可以被憎恶，没有谁可以以任何方式被压迫，或被伤害。我们要尽己所能地帮助所有人，为他们的道路扫清障碍。无私地在社会、经济、政治和灵性层面为所有人服务，不分血统、信条、种族或国家，这是我们的宗教信仰对我们的要求。这是我们的"正法"。我们不要仅仅把它限制在自己的社会范围内，而要把它的实践传播到整个世界。"外道"（mlechchha，原指不信仰印度教的人）和"外族"（yavana，原指希腊那边过来的爱奥尼亚人）等词流露出憎恶与自负的情绪，它们与印度教的精神是不相谐的。它们肯定是在精神衰颓的时期创造出来的。这些词透露出了与印度人很不相称的粗鄙，印度人的理想，乃是要在自我中看见一切，在一切中看见自我。希望印度人能在不久的将来，永远地消除这些词语，并将每个人类个体看作神。受到古老的《奥义书》所传达的高尚信息的鼓舞，印度教徒们通过无私地为所有人服务，有实力让这个世界上的各个种族都认识到他们潜在的神性统一，并因此创作出前所未有的全世界的交响乐。也许正是为了完成这样一个使命，印度教的文明才存活至今。

附录　印度文化对国际和平的影响

1. 教义

印度教承认存在着偶尔发生的正义战争。只要人类的本性没有被彻底转化，人们就不得不为了人类的和平与社会的安全去镇压为恶者，而这些必要的努力，有时甚至会引发世界性的大战。但整个人类社会的激进转变，这是印度文化的信徒们从未预料到的事情。

印度教认为，一个战士为了正义而参战是值得称颂的行为。但是，这一宗教文化还认为，人可以上升到一个灵性圆满的阶段，他至少不必通过与恶的接触，就能够杀敌。

然而，印度教的观念和理想，其主要倾向是终止冲突与混乱。

大自然实现它的计划的方式，似乎是各种对立面之间的争战，甚至在人类层面也不例外。外在的自然性似乎是永不停歇地产生各种各样的品类的过程，而内在的自然性，则不断地宣称着象征每一个个体的自我优越感、独有的尊重和特权。个体或群体间的冲突和矛盾是无法避免的。只有从自然性背后的唯一者而来的信仰，以及对内在自然性的相应调整，才能缓解这些冲突和矛盾。

印度教强调寓于自然的多样性外表之下的唯一者的真理。自然，从表面上看，由物质和心意组成，而其中的实体是神。人的真实自我也是神，他的心意和身体只是形式而已。

人们不仅自己遭受痛苦，同时又让他人遭受痛苦，只是因为他被原始无明所遮蔽，以至于他辨认不出他的真我，而将自己认同为外在形式的身体和心意。印度教准确地告诉人们摆脱无明的束缚，意识到他与其他造物的本质统一。这一状态被印度教徒称为"从自然束缚中解脱"，而这在他们眼中，正是人类生命的目标。

为了抵达这一目标，人们应当深信他与一切造物于本质上统一的真理，并训练自己的心意不去强调自然的外在差异。他应当将一切视为神的显现，并热爱和服务于一切，不带任何的种族、信条或肤色的歧视，而是像爱他自己和服务于自己一样。

因此，每一个个体的自我牺牲和服务的道路已经被印度教制定出来。个人通过神性自我的显现，他也将实现自身的圆满，同时在某一程度上，也将促进社会的和谐发展。为了摆脱自然的束缚，获得永恒的宁静和喜乐，人们应当爱他人并服务于他人，竭尽所能地去感知他和所有存在物在本质上皆统一于神。

战胜自私，是让粗糙的生命进化之必要；但是，人类要升华至佛陀或耶稣这样的高处的进步之路，实在离不开弃绝和服务。有意识地练习这些，能够完全反转人类的利己主义的天性，并对所有嫉妒和仇恨的刺激产生完全的免疫，不受影响。根据印度教的观念，最理想的人，能够"于万物中见自性，于自性中见万物"。

如果这一助益个人生命的项目能够在全世界范围内被采纳，普遍的和平将指日可待。但我们认为这只是空想。人类不可能奇迹般地按照我们的期望彻底改变了本性。当然，少部分人将会为灵性的成长而奋斗，并努力将自我提升到更高的层次，但是，大部分人必将延续自大，带来战争、威压、竞争这些习性的束缚。然而，在人类社会的大群体中，即使是非常稀少的人做出强劲的努力，通过爱和无私的奉献，去亲证居于自然背后的那一个唯一者，人类也将会获得实质性的改变，以减轻不同群体间的无序与混乱。

印度教文明的历史长河中，我们发现几个时代的先知和圣人们经过不懈的努力，将无私奉献和服务他人的高尚理念，深入到了个人和集体生活当中。在这些时代里面，整个印度社会呈现为一片祥和，处处是慷慨和宽容。原始的印度教关于生活的各方面的计划，作为助益人们神性开显的弃绝与服务的进阶教程，在这些时期将会得到新的开展和支持，而且，群体意识也将显示出崭新的启示和视野的拓宽。

2. 对待他人的态度

这一条解释了印度教徒如何张开手臂接纳其他宗教和国家的受迫害者与流亡者。受迫害的犹太人和索罗亚斯德教的教徒确实在印度教的土地上找到了宁静的避难所。印度教对其他宗教的态度，在长期的历史时段，皆表现为相当程度的包容和理解。印度教徒们相信，所有宗教似乎都指向了共同的一个目标——神，这唯一的实体，只是以不同的名相呈现在不同的信仰者面前。

3. 祈祷

在印度教的经文中，人们发现经常会提及关于唯一实在的真理，以及觉悟到这一真理对个体救赎的必要性。为了世界和平与幸福安康的祈祷文，虽然没有被大量提及，但也占了部分的篇幅。一些被译成英语的摘录，将展示祈祷文的普遍特征：

"愿天下人幸福快乐。愿天下人远离疾病。愿天下人意识到善。愿无人屈服于苦难。

"愿恶人改邪归正。愿善者获得平静。愿平静者得到解脱。愿解脱者助人解脱。

"愿天下人远离危险。愿天下人意识到善。愿天下人受激励于高尚的思想。愿欢乐遍在。

"愿好运降临在所有人身上。愿统领世界的君主遵循正义之道。愿众生获得幸福。愿所有的世界繁荣喜悦。"

在辉煌的灵性复苏的时代里，印度教的心灵的和弦将演绎出关于宇宙的和平与和谐甜蜜的音符。

然而，每一个这样的灵性复苏的时代，总是紧跟着一个衰落期。由于人类本性中对自私和肤浅的倾向，宗教的真正精神有时会被埋没在无意义的非必需品当中。人们将看不到中心的真理，误解神圣的经文，并愚蠢地允许粗糙、毫无灵性的人以宗教之名行骗。

4. 我们为世界的和平而工作

印度社会已经历过这样一段衰落期，而当室利·罗摩克里希纳（1836—1886）恢复了宗教精神，社会自此以后便显示出从麻木中站起来的各种迹象。

在室利·罗摩克里希纳对灵性真理的卓越觉悟的光芒之下,印度教的崇高的观念和理想再次变得清晰。也正是为了传播和实践真理,罗摩克里希纳修道院成立了。我们相信印度教的观念和理想将再次推动印度社会的进步,将积累了几个世纪的杂质清理干净,并促进世界的和平与和谐,这是全球人们所热切渴望之事。

我们的组织以谦逊的方式,并通过人道主义的服务,以及宣扬伟大的统一性寓于多样的造物外表下的真理,来献身于这一光荣的终极目标。

如果通过所有人类群体的共同努力,人们相比自然的表面多样性,更重视潜在的统一性,并督促个人和集体生命走上奉献和服务的道路,使之成为人类进步的唯一道路,我们相信,至少关于人类种族的未来的焦虑可能被平息,我们的人类族群能够朝向全面的和平与幸福迈进一大步。一个普遍的幸福和平的时代,一个全人类相亲相爱的时代,也许是永远不会实现的一个梦,但是,大家为了这个梦想与和谐社会所做出的共同努力,其价值是不可磨灭的,它会帮助人们将苦难降到最低的程度,而且这本身也是一件极有意义的成就,因为,所有热爱人类的人们所付出的努力,最大限度地被集中了起来,充满力量。

(文章于1932年送达国际和平协会)

译后记

我接触印度的文化产生浓厚的兴趣，应该是缘于对瑜伽的习练。起初，我也和大部分人一样，只是将瑜伽作为锻炼和解压的一项运动而已。后来，接触瑜伽的经典，了解了一些瑜伽的哲学，才对瑜伽有了更深一层的认识。而探入印度的智慧传统，则要缘于瑜伽学院的一堂哲学课，那就是闻中老师讲的《薄伽梵歌》。闻中老师对印度哲学有着深刻而独到的见解，偶尔还会跃至中国哲学的高峰，与印度哲学融会贯通，侃侃而谈，如春风化雨，滋养了我心中的哲学之幼芽的萌蘖，堪谓幸运。

而翻译此书，似乎也是一个很不经意的允诺。当时，闻中老师只说有一本书极好，希望能够早日问世，嘱咐我译完第一部分。我也不曾多想，爽快答应，凭着"初生牛犊不怕虎"的愚勇，利用几个月的时间将其译毕，其中似乎也有神助。翻译的过程，无疑是享受的，是开蒙启智的，也越发知道此书的重要意义。

此书是对印度文化与思想的鸟瞰式通览。规模虽小，却义理纯正，在印度广受推崇，一再重版，属于最为畅销的文化导论之一，当时的总统拉达克里希南（Radakrishnan）专门制序一篇。故也尤其值得推荐给中国的学人。正如闻中老师所言，自古以来，人们误以为印度是宗教之国，殊不知实为智慧之地、正法之田，通常，宗教容易堕落为迷信，而正法，却时时皆在提撕精神，让人警醒于夜色的披覆之中，而不颓废，不自弃，恒在叩问着自我的本质，精气浩荡，就此中要旨，此书作为印度文化的普及性读物，令人耳目一新，颇有启示。

印度文化与中国文化有着非常深的渊源，曾有学者通过三星堆出土的大量异域风格的文物推测，几千年前的古蜀文化与印度河的吠陀文明息息相关。如果这一切是真实的话，那很能够解释一些文化之谜，譬如三星堆的青铜人像和青铜树等皆能在吠陀神话中找到对应的原型，只是几千年之后的我们尚未发现足够的证据来证实这样的猜想。

即使从佛教传入中国的时间算起，中印文化也有两千年的交流史了。而佛教自传入中国之日起，就成为华夏文明的重要组成部分。在我看来，学习印度文化意义重大，其一，为知人，全面地了解我们的邻友；其二，为知己，更好地深入中华文化；其三，为我所用，发扬与光大中华文化的伟大精神。

众所周知，中印文化在历史上的交流，最频繁的当数佛教的僧俗往来，可是在当代社会，若想要透过佛教来了解印度，无疑是过时和不恰当的。自商羯罗大师借由他的天才雄辩，一举击败佛教的僧侣之后，佛教在印度基本上销声匿迹，商羯罗则被认为是湿婆的化身，重新确立了吠陀的权威，直至今日，吠陀的主流地位依旧不可撼动。所以，在佛教文化的背景下来理解当代的印度，大概类似于在宗祠文化的氛围中来解读当今的中国，怎是一个尴尬了得。

更别提通过媒体来了解印度了，媒体传达的信息是片面的、充满新闻的短视，而且背后有一些复杂的因由，故而真相总是被一大片喧哗声所掩盖。两个曾经同为文明古国，现今也都是国际上举足轻重的大国，但若是彼此误解深重，无疑会造成众多不良的影响。而几千年的文化传统早已化民成俗，所以，从文化根基上相互理解才是最佳良策。

近几年，瑜伽在中国流传甚广，但一般只是作为一项休闲运动，大众尚未意识到瑜伽在生命维度的深广含义，此书详细介绍了四大瑜伽，正是印度文化中极其重要的解脱之法，含摄俗谛与真谛，颇有深入的价值。瑜伽的词根是"Yuj"，该词在《梨俱吠陀》中的原意是给牛马套上驭具，后转意为联结、冥想等意思，一般来说，瑜伽指的是心意和精神的集中。帕坦伽利的《瑜伽经》开头便指出："现在开始教导瑜伽。瑜伽是控制心的波动。"可以说，瑜伽是一门关于"心"与"控驭心"的学问。

帕坦伽利的瑜伽理论采用数论派的哲学架构，讲的是原质和原人的分离，以得解脱。此书的阐释代不乏人，故而也深受印度的主流哲学——吠檀多思想的影响，最后，瑜伽的境界也指向了吠檀多的"梵我一如"的境界，臻达自由。尽管瑜伽在不同哲学流派中的解释不同，但最终目的都是获得解脱。

说到解脱，很多人可能会认为于己无关。其实不然，正如书中说的，"圣典认为解脱是每个人都应达到的目标。实际上，每个人都极度迫切地需要解脱。只是可能他自己没有意识到"。就像佛陀"四圣谛"的第一谛是苦的真理，而离苦得解脱的第一步，是面对实相，知道痛苦的存在。不光是那些切身的、明显的痛苦，更本质的苦，则源自无明，源自对自我的错误认知。印度文化中的那些神灵世界，也不应从神秘学的角度来解读,在我看来,世间最大的魔鬼只是"心魔",瑜伽正是使心得以控制,转"魔性"为"神性"的伟大过程。

儒家之仁心,道家之道心,禅宗之禅心,与瑜伽追求的自由喜乐的心境,究竟来讲是一脉相通的。佛陀开启了佛教智慧,而了解过佛陀生平的学者,一定会发现,吠陀经典深深影响了早年的佛陀,吠陀智慧对佛陀思想的萌芽与成熟功不可没,佛教用语和吠陀经典中的许多梵文词的文义也是通用的。从根源处把握佛教的见地和智慧,也许避不开印度教思想的理解和深入。

中国本土发展出来的禅宗,讲究"顿悟"与"立地成佛"之类,皆认为佛性本来内秉于人,否则,再如何努力也不能成佛。正如慧能所言:"何期自性本自清净;何期自性本不生灭;何期自性本自具足;何期自性本不动摇;何期自性能生万法。"这里的"自性",大体可对应于印度文化中的真我——阿特曼(Atman)。阿特曼存在于每一个人的心中,只是因为无明的蒙蔽,我们才领会不到他。于是,才有了这些吠陀经典念兹在兹地对"阿特曼"的"亲证"。

再譬如书中的这段话:

> 吠陀信仰教导我们:神存在于每一造物之中,事实上,他无处不在。但是,神秘的力量摩耶为自性的知识盖上了无明的面纱。一切的生灵要用自己的努力一点一点去除这层面纱。

此处所言的"神",与老庄的"道",与阳明先生讲的"良知本体",有着异曲同工之妙。在庄子的《知北游》中,庄子曾如是答东郭子:道无处不在!它在蝼蚁,在稊稗,在瓦甓,在屎溺。道或神性，无所不在，无处不是，只是在更美好的事物表达得更加完全而已。

亦如阳明先生所云："虽妄念之发，而良知未尝不在，但人不知存耳，则有时而或放耳；虽昏塞之极，而良知未尝不明，但人不知察，则有时而或蔽耳。"

此心光明，如如不动，时有昏塞，并非良知不明，实乃良知被遮蔽而已。阳明先生未说明是什么遮蔽了良知，而吠陀经典给出了答案：正是摩耶与无明的面纱。直揭心源，令人恍悟之下，心生无上之欢喜。

就我自己而言，我其实是通过印度的哲学才略微领会到了中华文化的博大精深。印度经典常以对答的方式，或寓言的故事为形式展开，浅显的语言中，蕴含着深邃的哲理，又孜孜不倦地用各种方式提醒我们"彼即尔"，甚为恳切，令人感动。而禅宗的"参话头"，道家吊诡式的"梦中梦"的解说方式，等等，虽然高明，却不易理解和传播，而且各家的解释不一，常出现鱼龙混杂、真假莫辨的迷局。

我们热爱现世的安稳，只是常常被生离死别打破，那么书中提到的行动瑜伽、智慧瑜伽和奉爱瑜伽，正是入世得平安的三大法宝。在《薄伽梵歌》那里，克里希纳则以三大瑜伽来教导陷入怯懦、准备回避战斗的阿周那，而人世的生活就像那一场正法之战，剑拔弩张，无容逃避，唯有带着勇气、智慧和爱，躬身入局，才是人世的正道，俱卢之野，正是命运之喻像。

瑜伽在中国的盛行，也许预示着我们了解印度文化的最好契机，中印文化的再次相遇，一定会像电光与石火的相撞，让人心潮澎湃。

正所谓"建中立极，知几达变"，中华文化包罗万象，只是需要正确地认识与应对外来的优秀文化，定能将其化为我们自己文化的一部分，为己所用，发扬光大。

为不辜负闻中老师的一番信任，在翻译时亦时时用心，对不确定之处仔细斟酌、查证和询问。为确保翻译用词之妥当，行文叙述之流畅，概念表达之清晰，我对全书再做了一字一句的深入核对。然后，交由闻中老师进行整体的校订。这些工作是为了尽量减少翻译错误，希望准确传达印度文化的精神，让读者更好地受益于此书蕴含的真知灼见。

但是，物忌全胜，事忌全美，古训如是，故而纵然尽心竭力，仍不免种种疏漏，还望读者批评指正。愿此书助成中国的学人通览印度文化，愿我们都能扩大心灵的边界，收获生命的澄明。

陈亚妮
辛丑年秋

他山之玉：印度文化导论
TASHAN ZHI YU: YINDU WENHUA DAOLUN

图书在版编目（CIP）数据

他山之玉：印度文化导论 /（印）斯瓦米·尼伟达南达著；陈亚妮，江小敏译. -- 桂林：广西师范大学出版社，2023.4

（梵澄译丛 / 闻中主编）

ISBN 978-7-5598-5690-6

Ⅰ. ①他… Ⅱ. ①斯… ②陈… ③江… Ⅲ. ①文化史－研究－印度 Ⅳ. ①K351.03

中国版本图书馆 CIP 数据核字（2022）第 233038 号

广西师范大学出版社出版发行

　广西桂林市五里店路 9 号　　邮政编码：541004

　　网址：http://www.bbtpress.com

出版人：黄轩庄

全国新华书店经销

湛江南华印务有限公司印刷

　广东省湛江市霞山区绿塘路 61 号　邮政编码：524002

开本：710 mm × 960 mm　　1/16

印张：12.25　　字数：130 千

2023 年 4 月第 1 版　　2023 年 4 月第 1 次印刷

印数：0 001~5 000 册　　定价：49.80 元

如发现印装质量问题，影响阅读，请与出版社发行部门联系调换。